JOÃO CÂNDIDO

o herói da ralé

ERIDAN PASSOS

JOÃO CÂNDIDO

o herói da ralé

ERIDAN PASSOS

1ª edição

EDITORA
EXPRESSÃO POPULAR

São Paulo - 2008

Revisão: *Geraldo Martins de Azevedo Filho e Miguel Cavalcanti Yoshida*
Projeto gráfico, capa e diagramação: *ZAP Design*
Fotos: *Cia. da Memória*
Impressão e acabamento: *Cromosete*

Dados Internacionais de Catalogação-na-Publicação (CIP)

Passos, Eridan, 1946-
P289j João Cândido: o herói da ralé / Eridan Maria Veloso de Passos --1.ed.-- São Paulo : Expressão Popular, 2008.
104 p. : il.

Indexado em GeoDados - http://www.geodados.uem.br.
ISBN 978-85-7743-072-7

1. João Cândido Felisberto. 2. Revolta da Chibata. 3. Brasil – História naval. 3. Brasil – Marinha – História. 4. Brasil – Revolta da marinha. I. Título.

CDD 869.92
981.056

Bibliotecária: Eliane M. S. Jovanovich CRB 9/1250

1ª edição: agosto de 2008

EDITORA EXPRESSÃO POPULAR
Rua Abolição, 197 - Bela Vista
CEP 01319-010 – São Paulo-SP
Fone/Fax: (11) 3112-0941
vendas@expressaopopular.com.br
www.expressaopopular.com.br

O Mestre-Sala dos Mares

João Bosco e Aldir Blanc

Há muito tempo nas águas da Guanabara
O dragão do mar reapareceu
Na figura de um bravo marinheiro
A quem a história não esqueceu
Conhecido como almirante negro
Tinha a dignidade de um mestre-sala
E ao acenar pelo mar, na alegria das regatas
Foi saudado no porto
Pelas mocinhas francesas
Jovens polacas e por batalhões de mulatas

Rubras cascatas
Jorravam das costas dos negros
Entre cantos e chibatas
Inundando o coração
Do pessoal do porão

Que a exemplo do marinheiro gritava, então:

Glória aos piratas, às mulatas, às sereias,
Glória à farofa, à cachaça, às baleias,
Glória a todas as lutas inglórias
Que através da nossa História
Não esquecemos jamais...

Salve o almirante negro
Que tem por monumento
As pedras pisadas do cais

Letra original da música, com estrutura de samba-enredo clássico, composta na década de 1970. Com problemas com a censura, Aldir Blanc e João Bosco tiveram que substituir, na letra gravada, as palavras marinheiro, almirante e negro por outras. A música fez grande sucesso nas vozes de Elis Regina e João Bosco e foi tema do enredo "Um herói, uma canção, um enredo – Noite do Navegante Negro", da Escola de Samba União da Ilha, em 1985.

Sumário

Introdução

Em 29 de março de 1968, João Cândido Felisberto, um homem de 88 anos incompletos, acompanhado de um de seus filhos, com todos os cuidados que a época exigia – estávamos em plena ditadura militar –, era recebido no Museu da Imagem e do Som, no Rio de Janeiro, para um depoimento secreto.

Ricardo Cravo Alvim, então diretor-executivo da instituição, já vinha gravando, desde 1966, depoimentos de personalidades da história brasileira. Chegara ao nome de João Cândido por indicação de Darcy Ribeiro, então no exílio, a quem perguntara que brasileiros perseguidos pelo regime não poderiam morrer sem deixar seu testemunho para a posteridade. A resposta de Darcy incluía uma extensa lista de nomes, encabeçada por João Cândido.

Na sala, exatamente às 13 horas, deu-se o encontro entre João Cândido e o historiador Hélio Silva, convidado para entrevistá-lo, presentes mais quatro pessoas, incluindo seu filho, Alberto Cândido.

Diante de todos, apresentava-se o Almirante Negro, comandante da revolta que passou à história com o nome de Revolta da Chibata e que se transformou em um símbolo para todos os marinheiros que, em algum momento da história do Brasil, ainda tiveram que lutar pelo reconhecimento de direitos, continuamente negados pela estrutura fechada e autoritária da Marinha. Um símbolo que assombrou, tal qual um fantasma, ao longo de toda a sua vida, o imaginário da Marinha, para quem se transformou em inimigo, mesmo quando, cumprido o seu destino na história do país, tornou-se um homem comum.

João Cândido Felisberto nasceu em 24 de junho de 1880, na cidade de Rio Pardo, interior do Rio Grande do Sul, filho do ex-escravo João Cândido Felisberto e de Inácia Felisberto, família de oito filhos, quatro homens e quatro mulheres. Seu pai trabalhava na fazenda de João Felipe Corrêa como tropeiro e ajudava no manejo do gado. Muitas vezes o menino, que montava como gente grande, acompanhava o pai nas viagens ao longo da fronteira. Contam que sua ida para a Marinha se deveu ao seu primeiro ato de insubordinação, quando ainda era um menino de dez anos: estava ele desenhando no chão bois, cavalos, com uma pequena vara, quando foi repreendido pelo neto do dono da fazenda: "aqui se trabalha e não se brinca" teria dito o neto do patrão. Enraivecido, João Cândido Felisberto atirou a vara sobre o rapazote e fugiu. Naquela noite, o patrão teria pronunciado o veredito: para baixar a crista do insolente, o menino seria mandado para Rio Pardo, aos cuidados de seu padrinho, o almirante Alexandrino de Alencar, para tornar-se aprendiz de marinheiro.

Assim, em 1894, aos 14 anos, ingressou na Escola de Aprendizes de Marinheiros do Rio Grande do Sul. Em 5 de dezembro de 1895, entrou efetivamente na Marinha. Tinha apenas 15 anos. Serviu em vários navios e aos 20 anos, como tripulante do Riachuelo, João Cândido já era instrutor de aprendizes-marinheiros, viajava pelo Brasil, tendo inclusive participado de algumas viagens internacionais, como a que levou, em outubro de 1900, o Presidente Campos Sales à Argentina. Passou também cerca de 11 meses, servindo na floresta amazônica, como voluntário de uma missão de demarcação de terras no Norte do país.

Em 1909, aos 29 anos e já marinheiro de primeira classe, estará na Europa, junto com outros marinheiros, para acompanhar a conclusão dos trabalhos de construção do encouraçado "Minas Gerais". Certamente não imaginava o papel que seria chamado a desempenhar, menos de um ano depois. É por essa época que nossa história começa.

Vamos surpreendê-lo nos momentos iniciais de sua saga, que o transformou em Almirante Negro, símbolo das lutas que se travaram e ainda se travam neste país na construção da cidadania.

Revolta da Chibata, marinheiros presos no Arsenal da Marinha

Revolta da Chibata, marinheiros presos no Arsenal da Marinha

O cenário da revolta: o Brasil nos idos de 1910

O Brasil, no início do século 20, ainda era um país predominantemente agrícola, com sua economia centrada na exportação de café. Nesse período, houve o "surto da borracha", um sonho passageiro que gerou riqueza para a Amazônia, sem nada afetar as miseráveis condições de vida dos seringueiros, responsáveis pela extração do produto. O ponto máximo de sua produção ocorreu exatamente entre 1890 e 1910, chegando o produto a ocupar o segundo lugar no valor das exportações (25,7%), superado apenas pelo café (52,7%).

Ainda era incipiente a atividade industrial, voltada para a produção de bens de consumo não duráveis (tecidos, alimentos, móveis), dispersa por alguns centros como a Bahia, Pernambuco, Rio de Janeiro, São Paulo e Rio Grande do Sul.

Ainda que pouco representativo no total da população,[1] esse proletariado já dava seus primeiros passos para sua

---

[1] Segundo Mário Maestri, em seu livro *Cisnes Negros*, em uma população de 23 milhões de habitantes, os trabalhadores fabris não ultrapassam os 160 mil, ou seja, não correspondiam nem a 1% do total da população (p. 13).

organização, não só por meio de sociedades de ajuda mútua, mas também de organizações profissionais, nas quais predominavam, ideologicamente, idéias anarquistas, que se dividiam entre um anarquismo de caráter mais individualista e um outro que defendia a organização dos operários em sindicatos revolucionários, os anarcossindicalistas, que predominaram na direção das inúmeras e fugazes organizações que apareceram nesse período. De comum entre as duas correntes, o materialismo, a luta pela abolição do Estado e a posição contrária ao envolvimento na luta parlamentar e na política.[2]

Politicamente, muito pouco mudou, quando foi proclamada a República (1889), cujo grande objetivo não foi a ampliação da cidadania, mas a descentralização política. Ela manteve, no essencial, os princípios do liberalismo já implantados no governo imperial. E não introduziu mudanças que alterassem a lei de 1881 que, ao implantar a eleição direta – e excluir o voto do analfabeto e das mulheres – reduziu a população com direito a voto de 10% para 1% da população total. Algumas mudanças políticas, como a eliminação do Poder Moderador, do Senado Vitalício e do Conselho

---

2 Para maiores informações sobre os primeiros passos na organização do proletariado, ver o livro já citado de Mário Maestri. Uma idéia geral sobre o anarquismo dos primeiros movimentos também pode ser encontrada em José Murilo de Carvalho, *Os bestializados: o Rio de Janeiro e a República que não foi*.

de Estado, bem como a introdução do federalismo, sem a correspondente expansão da participação política, na verdade significou a entrega do poder mais diretamente aos poderes locais. Com a adoção do princípio federativo, inspirado no modelo estadunidense, o que ocorreu foi a formação de sólidas oligarquias políticas estaduais, a chamada "república dos coronéis".

Diz José Murilo de Carvalho, tentando resumir a situação no início da República:

> o setor vitorioso da elite civil republicana ateve-se estritamente ao conceito liberal de cidadania, ou mesmo ficou aquém dele, criando todos os obstáculos à democratização. Até mesmo a criação de um partido operário em 1890[3] encontrou resistências entre republicanos, que a viam como ameaça à ordem. O positivismo era pela ampliação dos direitos sociais, mas negava os meios de ação política

[3] Em seu livro *Os bestializados*, José Murilo, na p. 53, menciona a disputa entre os líderes operários França e Silva, que lutavam por um partido controlado pelos próprios operários, e o tenente José Augusto Linhares, da Marinha, que tinha sua base política entre os ferroviários, com incursões também nos arsenais e entre os portuários. Ele teria organizado um partido sob sua liderança e teria sido eleito para a Constituinte e, entre seus feitos, teria sugerido a legislação de proteção ao trabalho do menor em 1891 e chegou a organizar um Banco de operários. O mesmo autor informa que em 1892 houve um congresso socialista, no Rio de Janeiro, organizado por iniciativa de França e Silva, que contou com a participação de 400 operários, do qual resultou o Partido Operário do Brasil.

para conquistá-los, tanto os revolucionários quanto os representativos. O anarquismo negava legitimidade à ordem política, a qualquer ordem política, não admitindo, portanto, a idéia de cidadania, a não ser no sentido amplo de fraternidade universal. Restavam os socialistas democráticos, os únicos a propor a ampliação dos direitos políticos e sociais dentro das premissas liberais.[4]

E como era o Rio de Janeiro, então Capital Federal, palco da Revolta?

O Rio de Janeiro, com cerca de um milhão de habitantes, vivia sua época de *belle époque*.[5] O prefeito Pereira Passos, com a sua política do "bota-abaixo", dera ares parisienses à cidade, com a demolição de casarões da região central da cidade, onde vivia a população pobre, para a construção da Avenida Central, hoje Avenida Rio Branco, inaugurada em novembro de 1905. O sanitarista Oswaldo

---

4 José Murilo de Carvalho, *op. cit.*, p. 64.

5 Costuma-se dar esse nome ao período histórico entre 1890 e a I Guerra Mundial, quando, após um período de depressão econômica, houve uma expansão dos negócios, gerando uma fase de otimismo e confiança que extrapolou a economia e ganhou a cultura, os costumes e a moral. Como dizem Ângela Marques da Costa e Lília Moritz Schwarcz em seu livro *1890-1914 – No tempo das incertezas*, nesse período "a certeza da prosperidade deu lugar a uma sociedade de sonhos ilimitados". No Brasil, especificamente na capital, esse momento correspondeu a uma tentativa de levar nosso país a fazer parte desse processo: daí a energia elétrica, os cinematógrafos, a reurbanização, uma certa "vertigem" da modernidade.

Cruz, por sua vez, livrara a cidade da febre amarela, da peste bubônica e terminara sua tarefa civilizatória com a introdução da vacina obrigatória contra a varíola, contra a qual se rebelou a população, lá pelos anos de 1904. Cavalheiros de luvas, polainas, bengala, colete e chapéu coco faziam o *footing* pela Avenida Central, apreciando as damas cobertas de seda e cheirando a perfume francês. "O rio civiliza-se", era o mote da época.

Um exame do censo de 1906 nos dá uma idéia aproximada da estrutura social da cidade: 24,4% da população ativa do Rio de Janeiro pertencia aos chamados setores intermediários (profissionais liberais, funcionários públicos, profissões técnicas e comércio); 23,8% pertencia ao operariado (artistas, extração, manufatura, transporte) e 51,8% incluía os extratos subalternos da sociedade, os trabalhadores de serviços domésticos, os jornaleiros e todos aqueles com profissão não declarada, desconhecida ou mal definida.[6] Essa era a grande marca da cidade do Rio de Janeiro, onde em torno de 50% de sua população pertencia ao *lumpemproletariado*, à ralé, do ponto de vista das classes dominantes.

Mário Maestri resume bem o quadro:

> O Rio de Janeiro possuía uma grande população urbana que vivia precariamente, nos poros de uma sociedade de

---

[6] Esses dados foram retirados de José Murilo de Carvalho. *op. cit.*, p. 75.

classe que se formava com dificuldade – eram biscateiros, mendigos, vendedores ambulantes, prostitutas, funileiros, capoeiristas, amoladores de tesouras, assaltantes, compradores de garrafas vazias, empurradores de cargas, ciganos etc.[7]

Mas não pensem que esse povo da cidade não se expressava e não criava suas próprias formas de participação: nas festas populares, como as da Penha e da Glória; nas pequenas comunidades étnicas, como a da Pequena África da Saúde, formada por negros vindos da Bahia, que, sob a direção da tia Ciata, deu origem ao samba carioca; nos cortiços, pequenas repúblicas com vida própria, leis próprias e cujo inimigo maior era o "representante oficial da República" – a polícia.[8]

Foi nesse cenário que ocorreram os acontecimentos que vieram a ser conhecidos como a Revolta da Chibata, protagonizada por elementos dessa mesma ralé, desdenhada pelas classes poderosas.

---

[7] Mário Maestri. *Os Cisnes negros*, p. 16.

[8] Para maiores informações sobre a participação, inclusive política, do povo, ler o livro de José Murilo de Carvalho, *op. cit.*

Nas águas da baía da Guanabara

Em 15 de novembro de 1910, dia de posse do novo presidente, o Rio de Janeiro se recuperava da ressaca política, fruto da disputa pela Presidência da República, entre o candidato civilista Rui Barbosa e o candidato militarista Hermes da Fonseca, o vencedor.

A disputa tinha sido grande, embora naquele tempo o nível de participação política fosse bastante reduzido. Só para se ter uma idéia, havia no então Distrito Federal (atual cidade do Rio de Janeiro) 25.246 eleitores, correspondendo a 2,7% da população. Apenas 8.687 compareceram às urnas, isto é, 34% dos eleitores e 0,9% da população total. Computados os votos apurados – naquela época se anulavam muitos votos – eles representaram apenas 18% dos eleitores e 0,5% da população total.[9]

Como conseqüência da política do "café com leite", que caracterizou toda a Primeira República (1889-1930), em que vigorava a alternância de poder entre as forças políticas paulistas e as mineiras, em torno

---

9 Dados retirados de José Murilo de Carvalho, *op. cit.*, p. 86.

das quais se posicionavam as demais forças estaduais, o candidato "natural" para suceder a Afonso Pena seria o presidente do Estado de Minas Gerais, João Pinheiro. Com a morte prematura deste, em outubro de 1908, Afonso Pena começou a articular a candidatura de seu ministro da Fazenda, Davi Campista, contrariando os interesses mineiros, representados pelo influente político Pinheiro Machado.

Pela primeira vez, não houve consenso entre as elites. Pinheiro Machado começou então a articular a candidatura, aprovada em convenção realizada em 22 de maio de 1909, do ministro da Guerra, Hermes da Fonseca, que tinha grande popularidade no Exército. Com a morte de Afonso Pena, em 14 de junho de 1909, o seu vice, Nilo Peçanha, ao assumir o governo, manteve o apoio à candidatura do militar. Inconformados, em 22 de agosto de 1909, os Estados dissidentes escolheram o nome de Rui Barbosa para disputar com Hermes da Fonseca. Ânimos esquentados, vários incidentes pontuaram a campanha. Mas o candidato militar, apoiado pelo governo, embora sob acusações de fraude eleitoral, foi vitorioso.

De qualquer modo, dia de posse é dia de festa. Muitas embarcações estrangeiras, que trouxeram convidados para a posse do novo presidente, estavam fundeadas na baía da Guanabara. Festejos se espalhavam pela cidade: o Circo Spinelli apresentava "A vingança do operário", do famoso palhaço negro Benjamim de Oliveira, em homenagem aos oficiais do navio de guerra português "Adamastor". O Teatro Recreio encenava o "Diabo que o carregue", de João Foca, em homenagem aos marujos do cruzador francês "Duguay Trouin". O Teatro São Pedro apresentava o drama de Gabriel D'Annunzio, "La figlia di Jorio", dedicado às representações diplomáticas.

Enquanto isso, na madrugada do dia 16 de novembro, toda a tripulação do encouraçado "Minas Gerais" era chamada ao convés para assistir a uma cena muito comum em nossa Marinha: a aplicação do castigo de 250 chibatadas no marinheiro Marcelino Rodrigues Menezes que, na noite anterior, ferira a navalhadas o cabo Valdemar Rodrigues de Souza, que o havia denunciado por tentar introduzir no navio duas garrafas de cachaça. Não sabemos se o carrasco que executou a punição foi Alípio, o mais famoso da época, que trabalhava exatamente no "Minas Gerais". Mas podemos imaginar o ritual que se realizava, através do depoimento de Eurico Fogo, que servia como praça no Corpo de Marinheiros Nacionais em 1898:

> O bandido [o carrasco] apanhava uma corda mediana, de linho, atravessava-a de pequenas agulhas de aço, das mais resistentes e, para inchar a corda, punha-a de molho com o fim de aparecer apenas as pontas das agulhas. A guarnição formava e vinha o marinheiro faltoso algemado. O coman-

dante, depois do toque de silêncio, lia uma proclamação. Tiravam as algemas das mãos do infeliz e o suspendiam nu da cintura para cima no pé de carneiro, ferro que se prende à balaustrada do navio. E então, Alípio, o mestre do trágico cerimonial, começava a aplicar os golpes. O sangue escorria. O paciente gemia, suplicava, mas o facínora prosseguia carniceiramente o seu mister degradante. Os tambores batidos com furor sufocavam os gritos. Muitos oficiais voltavam o rosto para o lado. Todos estavam em segundo uniforme, luvas e armados de suas espadas. A marinheirada, possuída de repulsa e de profunda indignação concentrada, murmurava:

– Isso vai acabar.[10]

Não sabemos se, naquela madrugada de 16 de novembro, os marinheiros repetiram o murmúrio de indignação. O certo é que aquele acontecimento precipitou o início do motim que passou à história com o nome de Revolta da Chibata.

---

[10] Edmar Morel, *A Revolta da Chibata*, p. 57.

Contra a chibata e a carne podre

Mas, para que a Revolta da Chibata acontecesse, muita água já havia passado por debaixo da ponte, em volume e força suficientes para abalar a estrutura da própria ponte... Vamos aos fatos.

Depois da Guerra do Paraguai (1865-1870), a Marinha brasileira tinha sido relegada ao abandono. Mas, no governo de Rodrigues Alves (1902-1906), o almirante Júlio de Noronha, ministro da Marinha, apresentou um plano, posteriormente transformado em projeto de lei, visando o seu reaparelhamento. Aprovado em dezembro de 1904, autorizava o governo a encomendar três encouraçados, três cruzadores, seis caça-torpedeiros, doze torpedeiros, três submarinos e um transporte para carregar carvão. Para se ter uma idéia da megalomania do projeto, a Inglaterra, rainha dos mares, só possuía um encouraçado – e nós teríamos três!

No governo de Afonso Pena, sucessor de Rodrigues Alves, o Plano Naval, modificado e com acréscimos, foi aprovado pelo Decreto nº 1563, de 23 de novembro de 1906.

A encomenda dos navios foi feita à Inglaterra e, em 1910, nos tornaríamos uma das maiores potências navais do mundo, com a nossa famosa esquadra branca, constituída pelos encouraçados "Minas Gerais" e "São Paulo" e mais outros tantos cruzadores, destróieres e outras belonaves, num total de 24.

Mas, se tínhamos nos transformado numa potência em termos de reaparelhamento material, as condições do pessoal que servia à Marinha não haviam mudado muito. Persistia a mesma estrutura e o mesmo funcionamento que já tinham sido condenados por Tavares Bastos:

> tudo que Tavares Bastos denunciara em 1862 se mantinha em vigor na Marinha de 1910, sob outro regime político e em outro século: elitismo dos oficiais; grande distância social entre eles e os marinheiros; má alimentação, soldo insuficiente, castigos corporais e permissão de baixa somente depois de 15 anos de incorporação.[11]

Existia, de um lado, um grupo de oficiais, recrutado entre a elite branca, "fina" e educada. De outro, a marujada, recrutada em sua maior parte à força, quando não raro à porta dos xadrezes. Por que isso ocorria? Na verdade, segundo a Constituição republicana, os ho-

---

[11] Tavares Bastos (1839-1875) foi jornalista, escritor e pensador político. Lutou no Parlamento e na imprensa contra a centralização administrativa no Segundo Império. A citação é de Evaristo de Morais Filho, no prefácio ao livro de Edmar Morel.

mens que serviriam tanto ao Exército quanto à Marinha seriam voluntários. Mas, face às péssimas condições de trabalho, não era fácil preencher os quadros subalternos com "voluntários". Daí ocorrer o recrutamento praticamente compulsório, atingindo as classes menos favorecidas – desempregados, desocupados, quase miseráveis, quando não eram recrutados às portas dos xadrezes: malfeitores, assaltantes, criminosos.

Mesmo aqueles que vinham das Escolas de Aprendizes, como seria o caso de João Cândido, não tinham um destino melhor. Na verdade, visando meninos e jovens entre 10 e 17 anos, as Escolas de Aprendizes eram centros disciplinadores de jovens rebeldes e muitos de seus alunos eram arrebanhados entre órfãos e crianças abandonadas. Embora sendo escolas, seus alunos pouco aprendiam e delas saíam quase sempre analfabetos.

De todas as péssimas condições, o uso da chibata era, sem dúvida, o costume mais aviltante. Herdado da Marinha portuguesa e praticado pelos oficiais ingleses que comandaram durante um período os nossos navios, o uso da chibata como pena disciplinar tinha sido abolida no segundo dia da República pelo Decreto nº 3, de 16 de novembro de 1889. Mas a lei que valeu, e que nem chegou a ser publicada no Diário Oficial, foi o Decreto de nº 328, de 12 de abril de 1890, assinado pelo marechal Deodoro da Fonseca, que instituiu a Companhia Correcional.

A Companhia Correcional tinha por objetivo submeter a um regime de disciplina especial os praças que fossem de má conduta habitual e punir faltas em casos que não exigissem Conselho de Guerra.

Seu último artigo, o 8º, estabelecia que, pelas faltas que cometessem, seriam punidos do seguinte modo:

– faltas leves: prisão e ferro na solitária, a pão e água por três dias;

– faltas leves repetidas, *idem*, *idem*, por 6 dias;

– faltas graves: 25 chibatadas.

Por isso era perfeitamente legal o espetáculo a que assistia a tripulação do "Minas Gerais" naquele dia, a não ser pelo fato de que as chibatadas, que foram aplicadas ao marinheiro Marcelino, estarem muito acima do limite estabelecido...

Esperando datas e poderes

Durante cerca de dois anos, um grupo de marinheiros estivera na Inglaterra, nos estaleiros em Newcastle, assistindo às etapas finais de construção dos navios e aprendendo o manejo das novas embarcações. Entre eles, João Cândido. No contato com os marinheiros da Inglaterra, tendo como tradutor um funcionário do estaleiro, filho de portugueses, conheceram as melhores condições de trabalho de seus companheiros, resultado das lutas operárias naquele país, o que certamente contribuiu para acelerar o processo de conscientização dos marinheiros brasileiros.

É nessa época que surgiu a organização do movimento, contra as péssimas condições de trabalho no Brasil e, principalmente, contra a chibata. Diz João Cândido, em seu depoimento ao MIS:

> Na Inglaterra, nós mantínhamos os comitês nos próprios hotéis onde estávamos residindo, esperando a conclusão dos navios. Lá na Inglaterra nós despachávamos mensageiros para o Brasil, nós estávamos lá à vontade. Quase dois anos por conta do governo, nós mandávamos mensageiros sondar a situação dos comitês que estavam trabalhando

aqui. De maneira que quando nós viemos, nós viemos na certa.[12]

Já pronto, o "Minas Gerais" fez a sua primeira viagem da Europa para Hampton Roads, nos Estados Unidos, encarregado de fazer o comboio do cruzador estadunidense North Caroline, que trazia dos Estados Unidos para o Brasil os restos mortais de Joaquim Nabuco, nosso embaixador naquele país.

A entrada triunfal do "Minas Gerais" na baía da Guanabara ocorreu em 18 de abril de 1910, às 10 horas da manhã, sob salvas de canhões, numa festividade jamais vista na Marinha brasileira. Sua chegada foi saudada com orgulho patriótico, como se pode ver no relato abaixo, em um dos jornais da época:

> A chegada do "Minas Gerais" – eis o grande acontecimento que faz palpitar numa vibrante emoção patriótica toda a alma nacional, porque não foi só o Rio de Janeiro que recebeu nas águas da sua famosa baía o formidável *dreadnought* (...) foi o Brasil inteiro que saudou no vulto agigantado do colosso dos mares sul-americanos, o símbolo soberano da sua própria pujança, a expressão concreta da sua energia de nação (...)
>
> A expressão dessas salvas [os tiros de canhão dados pelo encouraçado em sua entrada na baía], feitas primeiro à terra cara da pátria, e depois aos pavilhões das nações es-

[12] *João Cândido, o Almirante Negro*, p. 75.

> trangeiras e amigas, fez-se também forte, sonora e cheia no coração de todos os brasileiros que, por sua vez, saudavam no vulto de aço do "Minas Gerais" o Brasil novo, opulento e poderoso que vai na sua rota do progresso e civilização com a mesma galhardia com que o primeiro de seus *dreadnoughts* entrou nas águas espelhantes da Guanabara.[13]

Mas nas águas da Guanabara não havia apenas a presença do formidável encouraçado. O movimento dos marinheiros tomava impulso, nas barbas dos oficiais, que nada viam e ouviam ou se viam e ouviam não acreditavam que um bando de marinheiros pudesse ameaçar os poderes já de tão longa data estabelecidos.

Na viagem realizada, em junho de 1910, pelos navios "Bahia", "Tamoio" e "Timbiras", para os festejos do Primeiro Centenário da Independência do Chile, houve muita insubordinação a bordo, em virtude dos castigos físicos contra os praças. Foi nessa ocasião, depois de um ritual de açoite no "Bahia", que surgiu o Mão Negra, nome com o qual o marinheiro Francisco Dias Martins assinou uma carta que deixou embaixo da porta do comandante, cujo texto era o seguinte:

> Venho por meio destas linhas pedir não maltratar a guarnição deste navio, que tanto se esforça para trazê-lo limpo. Aqui ninguém é salteador nem ladrão. Desejamos Paz e

[13] *Dreadnought* é o nome em inglês para encouraçado. A citação do jornal consta em Edmar Morel, *op. cit.*, p. 59.

Amor. Ninguém é escravo de oficiais e chega de chibata. Cuidado.[14]

Em terra, os comitês dos marinheiros se reuniam em três lugares diferentes: num sobradinho da Rua Tobias Barreto, nº 65, próximo da Praça Tiradentes; no Jogo da Bola, no bairro da Saúde, e na Rua dos Inválidos nº 71, bem em frente da Delegacia de Polícia. Seus líderes eram: no "Minas Gerais", João Cândido; no "Bahia", Ricardo Freitas e Francisco Dias Martins; no "São Paulo", o cabo Gregório do Nascimento, e, no "Deodoro", o cabo André Avelino.

Na reunião do dia 13 de novembro, Gregório do Nascimento teria proposto que a revolta se desse no dia seguinte, quando a esquadra incorporada ia sair fora da barra para se encontrar com o navio "Rio Grande do Sul", no qual viajava o presidente eleito, Hermes da Fonseca. O objetivo era apanhar a bordo não só o presidente, mas também o maior número de oficiais da Marinha, para que a reivindicação ganhasse força. Dias Martins foi contra a idéia, porque poderia dar uma conotação política quando o que pretendiam era apenas o fim dos maus-tratos. Recusada a proposta, o início do movimento foi então marcado para o dia 15 de novembro, dia da posse. Novo adiamento, tendo em vista que muitos marinheiros receberam autorização

---

14 Edmar Morel, *op. cit.*, p. 60

para ir à terra, para os festejos, transferiu a revolta para um dia ainda incerto entre 24 e 25 de novembro. Mas o castigo a Marcelino Rodrigues Menezes precipitou tudo.

Quem comandou o movimento? Não há nenhuma dúvida de que foi João Cândido. Mas Edmar Morel, em seu livro, cita pelo menos duas vozes discordantes quanto ao papel de João Cândido. Uma delas, a de Vivaldo Coaracy, que, em seu livro *Couves da minha horta*, referiu-se a ele como um negro poltrão, aureolado por uma lenda, fruto da fantasia popular. Em sua versão sobre os acontecimentos, diz ele que os marinheiros do "Minas Gerais" procuraram por João Cândido por todo o navio para matá-lo, por considerá-lo um delator, um espião. Sabendo da sorte que o esperava, João Cândido teria ido se esconder no cesto da gávea. Mas como os marinheiros queriam sair fora da barra, lembraram-se então do mesmo João Cândido, o único capaz de comandar o navio.

A outra, a do almirante Luiz Autran de Alencastro Graça, que, em artigo publicado no jornal *Diário de Notícias*, de 5/9/1949, referiu-se a João Cândido como moleque de recado e bajulador de oficiais. O artigo foi escrito em resposta à publicação, por um jornal, da fotografia de João Cândido, descoberto vendendo peixe na Praça XV, quase 40 anos depois dos acontecimentos da Revolta da Chibata... A mera aparição do homem, já então esquecido, mas que um dia assombrara a Marinha, foi suficiente para desenterrar ódios.

Edmar Morel mostra a fragilidade dos argumentos apresentados, frutos certamente do preconceito e da dificuldade de se aceitar que um marinheiro tivesse tido a petulância de dirigir um navio de tal porte e ousasse apontar os canhões em direção à capital da República.

O próprio João Cândido, em seu depoimento ao MIS, esclarece sua posição no movimento:

> Eu tive o poder na organização da conspiração e tive o poder determinado pelos comitês para assumir a direção da revolução com todos os poderes (...) Na organização da revolta, eu dispunha de todos os poderes, parei o Brasil.[15]

Os detratores de João Cândido certamente tiveram um prato cheio com a chegada às mãos do comandante Luiz de Alencastro Graça, em 1949, o mesmo que publicou o artigo no *Diário de Notícias* a que já nos referimos em parágrafo anterior, de uma carta apócrifa, que pretendia fazer um resumo dos acontecimentos de 1910, na qual o missivista enaltecia a figura de Francisco Dias Martins, líder do movimento no "Bahia", como o verdadeiro comandante da revolta, e desqualificava a figura de João Cândido. Há uma suspeita de

---

15 *João Cândido, o Almirante Negro*, p. 74.

que a carta tenha sido escrita pelo próprio Francisco, suspeita nunca confirmada, porque ele, logo após sua absolvição no julgamento, deu baixa da Marinha e desapareceu.[16]

Hélio Leôncio Martins, que escreveu um livro sobre a revolta dos marinheiros, apresenta sua própria versão para justificar a escolha de João Cândido como comandante do movimento. Segundo ele, havia entre os marinheiros duas facções: uma, dos mais velhos, os denominados "gorgotas" e "conegaços", vindos do tempo dos veleiros, recrutados entre a ralé das cidades e ex-escravos. Os marinheiros da outra facção apareceram com o advento dos navios a vapor. Os novos marinheiros, que desempenhavam funções mais compatíveis com o desenvolvimento técnico dos navios, eram, no entanto, em número insuficiente e sem as qualifica-

---

16 A carta está transcrita integralmente, como apêndice, no livro de Hélio Leôncio Martins. Nela, o missivista diz que João Cândido nada sabia da revolta e que se escondeu no interior do mastro, quando do início do movimento, dali sendo retirado, apavorado, pelos companheiros, que o queriam na direção do navio, já que era timoneiro. Diz também que ele era odiado por quase todos os companheiros, que era um tipo adulador, chaleira de oficiais, capaz de limpar-lhes com a língua a sola dos sapatos. É uma carta escrita por alguém muito ressentido e, caso o autor seja realmente Francisco, talvez ele tivesse sido corroído pela inveja, face ao prestígio que seu companheiro angariou, fazendo sombra a todos os demais possíveis líderes do movimento.

ções necessárias, mas logo se posicionaram contra as condições de trabalho – inclusive o uso da chibata – e a distância imposta entre os marinheiros e os oficiais. Para o autor, foi a segunda facção que organizou a revolta. Mas o prestígio dos mais moços junto à maioria da marujada não era suficiente. Era necessário encontrar um elemento que tivesse trânsito entre as duas facções. E conclui: "João Cândido, com seu temperamento híbrido, feitio acomodatício e sendo uma praça antiga, com passado valente, seria esse elemento".[17]

O mesmo Hélio Leôncio diz textualmente que João Cândido gozava de prestígio pessoal junto a seus colegas e um sintoma disso seria o fato de ter sido escolhido, por duas vezes, para representar o deus Netuno, distinção que só era concedida a praças que fossem apreciados pela tripulação. Essa representação, em que o escolhido fantasiava-se com os galões de comandante presos no punho do uniforme, ocorria sempre nas festas que aconteciam quando da passagem pela linha do Equador, cabendo àquele que se vestia de Netuno a função de conceder permissão ao navio para atravessar a referida linha.[18]

Com relação a um outro aspecto que alguns críticos apontam para minimizar a liderança de João Cândido – sua relação um pouco próxima aos oficiais – ele mesmo,

---

17 Hélio Leôncio Martins, *A revolta dos marinheiros 1910* , p. 81.

18 *Idem, ibidem*, p. 78.

em seu depoimento ao MIS, embora confesse que gozava de certa regalia junto a seus superiores, afirma que a marujada também lhe obedecia. Ou seja, ao mesmo tempo em que exercia uma função de mando junto à marujada, mantinha um bom relacionamento com os oficiais. Esse duplo papel é perfeitamente natural, uma vez que seu conhecimento técnico o aproximava dos oficiais, podendo gerar inveja ou desconfiança por parte da marujada – um sentimento perfeitamente compreensível. Esse mesmo conhecimento, por outro lado, credenciava-o como líder do movimento, já que seria indispensável ter alguém que soubesse conduzir o navio, no caso de uma revolta.

O orgulho de João Cândido pela sua capacidade técnica fica visível no depoimento que deu ao MIS. Respondendo à pergunta sobre os conhecimentos que ele tinha da direção do navio, diz ele:

> além dos conhecimentos que já tínhamos na Marinha, ganhamos mais conhecimentos durante o tempo que estivemos lá [na Inglaterra], assistindo à construção da nova esquadra. Eu, na Marinha, posso dizer, a arte de governar navio não é difícil, mas é espinhosa. Eu só conheci um timoneiro no mundo com maior poder, sabe quem foi? O *kaiser*, Guilherme II.[19]

Hélio Leôncio Martins tenta minimizar seu conhecimento, dizendo que havia no "Minas Gerais"

---

[19] *João Cândido, o Almirante Negro*, p. 78.

outros marinheiros timoneiros que podiam dirigir a embarcação. Mas ele próprio aponta as qualidades do João Cândido:

> Mas [João Cândido] iria sobressair-se quando, nos veleiros, foi gajeiro do gurupés, do mastro grande e do traquete, revelando-se um excelente "marinheiro de talha ao lais", para o que dependia mais de força, de agilidade e coragem do que de instrução.
>
> Simultaneamente, deve ter sido um bom timoneiro, como praça bastante viajada, sendo suficiente para isso que fosse capaz de ler números em uma pequena tabuleta e na agulha, e ter sensibilidade para as reações do navio, sem que significasse habilitações como navegador, pois quem lhe indicava os rumos a seguir era o encarregado de navegação, sendo fiscalizado pelo oficial de serviço. Chegou a ser nomeado "timoneiro de combate" ou "primeiro timoneiro" do "Minas Gerais", posto que exercia quando se deu a rebelião.[20]

A posição mais sensata quanto à liderança do movimento talvez seja a do próprio Edmar Morel: "Dias Martins foi o cérebro. João Cândido a ação. Um homem que recebeu uma missão e soube cumpri-la à altura dos acontecimentos".[21]

Portanto, está mais do que provado que João Cândido tinha todas as condições de ser o chefe do movimento. De

---

[20] Hélio Leôncio Martins, *op. cit.*, p. 77.

[21] Edmar Morel, *op. cit.*, p. 88.

um lado, sabia conduzir o navio. De outro, tinha liderança. A relação, até certo ponto conflituosa, para não dizer ambígua, que alguns supõem existir entre João Cândido e seus companheiros é comum quando uma pessoa se sente ao mesmo tempo como pertencendo ao grupo – tanto que se posicionou contra os maus-tratos, embora ele pessoalmente nunca tivesse sofrido nenhum castigo – e afastada dele – há indícios de um certo "sentimento de reverência" de João Cândido com relação a superiores: por exemplo, a maneira como se refere ao Almirante Alexandrino de Alencar, que foi seu "padrinho" no ingresso na Marinha; o fato de ter feito um desenho a carvão de Nilo Peçanha – que chegou a ser-lhe entregue pessoalmente, ocasião em que teria reivindicado a supressão da chibata – antes mesmo da eclosão da revolta.

Como líder do movimento, mostrou-se moderado, procurando delimitar o alcance da revolta, que foi mais um processo de busca de "integração" que de ruptura. Desejava-se, antes de tudo, ou exclusivamente, ser considerado cidadão. Na verdade, pode-se dizer que a revolta da Chibata foi a última revolta de escravos, em plena República.

Definidos os poderes – João Cândido é o comandante – e a data, 22 de novembro, deflagrou-se o movimento.

O sinal combinado era a chamada da corneta das 22 horas.

Revolta da Chibata, marinheiros presos no Arsenal da Marinha

Os parnasianismos de manobra[22]

No dia 22 de novembro, à noite, o presidente recém-eleito estava sendo homenageado com uma recepção. Enquanto ouvia a ópera "Taunhausen", de Wagner, um tiro de canhão sacudiu a cidade. A ordem partira de João Cândido que, na torre do "Minas Gerais", envergando um uniforme de marinheiro bastante roto, gorro de pano, um pé num chinelo e outro numa botina, com o seu inseparável lenço de seda vermelho ao pescoço, dava o sinal combinado para alertar os outros navios envolvidos na revolta. Eram 22:50 h. Responderam, de imediato, ao aviso, o "Bahia" e o "São Paulo". "Deodoro", em princípio, ficou mudo.

---

22 O parnasianismo foi o movimento literário da poesia correspondente ao realismo na prosa. Caracterizava-se pelo culto da forma e pelo anti-sentimentalismo. Floresceu nas últimas décadas do século 19 e sobreviveu até a entrada do modernismo na literatura. Gilberto Amado, em artigo publicado no jornal *O Paiz*, de 27/11/1910, utilizou este termo "parnasianismos de manobra", referindo-se à perfeição dos movimentos de entrada e saída dos navios revoltosos.

No "Minas Gerais", os oficiais reagiram. O tenente Álvaro Alberto da Mota Silva, ao receber o golpe de baioneta de um marinheiro, ainda teve força para, apoiando-se na própria arma do agressor, sacar a espada e atravessar o estômago do marinheiro. Não morreu, por ter sido retirado, ferido, do navio. Morreram na refrega: o comandante João Batista das Neves, que reagiu e lutou de espada em punho com os marujos, por cerca de 10 minutos, até cair mortalmente ferido por golpes de baioneta. O capitão-tenente Mário Lahmeyer, que, ao tentar fugir em uma canoa, recebeu uma descarga de tiros morrendo imediatamente. Morreram também o capitão-tenente José Cláudio da Silva e o sargento Francisco Monteiro de Albuquerque, além de vários marinheiros.

No "Bahia", foi morto o primeiro-tenente Mário Alves de Souza, que era o único oficial no navio no momento da revolta.

No "São Paulo", as coisas ocorreram de maneira diferente. Uma guarnição procurou o oficial de quarto, primeiro-tenente Salustiano Lemos Lessa, comunicou-lhe a intenção de aderir ao levante e pediu aos oficiais que deixassem o navio de maneira pacífica. Um deles tentou reagir – o capitão-tenente Américo Salles de Carvalho e foi morto por um marujo. Outra versão, apresentada por Hélio Leôncio Martins, diz que ele teria se suicidado, ao perceber que não havia condições para reação. Os oficiais resolveram aceitar a proposta e deixaram o navio, tendo o tenente Lessa, antes de desembarcar, pedido à guarnição que procedesse com calma, que não promovesse estragos no navio e que evitasse bombardear a cidade.

A situação no "Deodoro" foi, no mínimo, curiosa. O primeiro-tenente João Paiva de Novais, que servia no "Bahia", soube da revolta quando estava no Passeio Público. Pegou uma lancha no cáis Faroux e dirigiu-se ao "Bahia", onde foi impedido de entrar pela marujada rebelada. Dirigiu-se então para o "Deodoro". Lá informou ao oficial de serviço, o primeiro tenente Antonio Barbosa Moreira Martins, que a esquadra se rebelara para depor o presidente da República e caberia a esse oficial ou aderir à revolta ou bombardear o "Bahia". O tenente Barbosa não tomou nenhuma das duas providências. Então o tenente Novais assumiu o comando do navio e determinou que fosse içada a bandeira vermelha, sinal da adesão. Depois da retirada do tenente Barbosa e seus poucos acompanhantes, o clima ficou intranqüilo durante toda a noite. O tenente Paiva recolheu-se para dormir até ser acordado pelos marinheiros, que o aconselharam a se retirar de bordo. Não queria, mas acabou sendo forçado.

Os marinheiros então assumiram o comando do navio. O tenente Paiva acabou preso e respondeu ao Conselho de Guerra perante o qual alegou que tomou essa atitude por estar bêbado. Foi absolvido e continuou na vida militar por mais cinco anos, com um comportamento nada exemplar.

João Cândido, em depoimento a Edmar Morel, recorda os primeiros momentos da revolta:

> Cada um assumiu o seu posto e os oficiais de há muito já estavam presos em seus camarotes. Não houve afobação. Cada canhão ficou guarnecido por cinco marujos, com ordem de atirar para matar contra todo aquele que tentasse impedir o levante. Às 22:50 h, quando cessou a luta no convés, mandei disparar um tiro de canhão, sinal combinado para chamar à fala os navios comprometidos (...) Ordenei que todos os holofotes iluminassem o Arsenal da Marinha, as praias e as fortalezas.
>
> Expedi um rádio para o Catete, informando que a esquadra estava levantada para acabar com os castigos corporais. Os mortos na luta foram guardados numa improvisada câmara mortuária e, no outro dia, manhã cedo, enviei os cadáveres para terra. O resto foi rotina de um navio em guerra.[23]

A primeira mensagem dos revoltosos foi captada pela estação de rádio do morro da Babilônia:

> Não queremos a volta da chibata. Isso pedimos ao presidente da República, ao ministro da Marinha. Queremos resposta já e já. Caso não tenhamos, bombardearemos

23 Edmar Morel, *op. cit.*, p. 73

> cidade e navios que não se revoltarem. Assinado: guarnições "Minas", "São Paulo" e "Bahia".[24]

A resposta do Ministro foi até certo ponto burocrática:

> O ministro da Marinha, em nome do presidente da República, declara que reclamações, quando justas e baseadas na lei, só podem ser atendidas quando feitas com subordinação e respeito aos poderes constituídos.[25]

Baseado em registros antigos, Edmar Morel relata os primeiros movimentos dos navios revoltosos, suas idas e vindas, pela baía, aos quais a população do Rio de Janeiro, mobilizada com as primeiras notícias de jornal, assistiu com um misto de espanto e admiração. Deles, recortamos alguns trechos:

> Quase às seis horas houve outro movimento dos navios amarrados ao canal, entre a Ilha Fiscal e a fortaleza de Villegaignon.
>
> Os couraçados "Minas Gerais" e "São Paulo" e o scout "Bahia" sondaram o ânimo das fortalezas Santa Cruz e Villegaignon e da Ilha das Cobras, abrindo ligeiro fogo de artilharia contra elas. As fortalezas misteriosamente não deram sinal de si, conservando-se mudas como peixes (...)
>
> Encorajados por essa disposição animadora, aqueles navios puseram-se em marcha, manobrando para o canal e aproan-

---

24 Edmar Morel, *op. cit.*, p. 69.

25 Hélio Leôncio Martins, *op. cit.*, p. 22.

do a barra (...) Foi uma sortida magnífica pela disposição corretíssima da divisão revoltada, evoluindo com precisão, guardando distâncias regulares e rigorosas, mantendo marcha idêntica os três navios (...)

(...) o "Minas Gerais" e o "São Paulo" não paravam, evoluindo continuamente, como dois leões que percorressem sua jaula. Ora o "Minas Gerais" vinha até junto do "São Paulo", retrocedendo, depois de voltear sobre si mesmo, ao seu ponto de parada; ora o "São Paulo" entrava em direção ao fundo da baía, contramarchando em seguida.

E de vez em quando as sereias soltavam o seu grito lúgubre, vindo de sob as águas; os tiros continuavam, com intermitência, disparados dos dois grandes couraçados e do "Bahia" e visando, principalmente, a ilha das Cobras que, aliás, nem por sombra os correspondia.[26]

Eram os parnasianismos de manobra...

[26] Edmar Morel, *op. cit.*, p. 78

As marés do movimento encarnado

Começaram então os desdobramentos da crise. Houve dois movimentos paralelos e simultâneos. De um lado, um movimento de parte da oficialidade, incluído o ministro da Marinha, que queria reagir ao que considerou uma afronta aos princípios da hierarquia. De outro, um movimento político, desencadeado na própria manhã do dia 23, por Pinheiro Machado, que não queria complicações logo no início do mandato presidencial. Foi a seu pedido que o deputado federal pelo Rio Grande do Sul, o comandante da Marinha José Carlos Carvalho, dirigiu-se aos navios revoltados para parlamentar com os marinheiros.

De seu depoimento, feito à Câmara dos Deputados, relatando seu contato com os revoltosos, tanto no "São Paulo" quanto no "Minas Gerais", depreende-se a extrema admiração que sentiu pelas condições em que encontrou o navio, pelas decisões tomadas com relação ao funcionamento – o cofre do navio estava guardado por quatro praças, as bebidas foram lançadas ao mar; pelo seu recebimento, com todas as honras, nos dois navios e o relato consternado que fez da situação do marinheiro Marcelino, que tinha sido castigado. Disse ele: "Sr. Presidente; as costas desse marinheiro assemelhavam-se a uma tainha lanhada para ser salgada".[27] Em mãos, trazia um memorial, para ser encaminhado ao presidente da República, entregue por uma embarcação mercante que o parou, antes de sua chegada ao "São Paulo". O memorial é uma peça importante para entender o alcance e os objetivos do movimento:

> Rio de Janeiro, 22 de novembro de 1910
>
> Ilmo e Exmo Sr. Presidente da República Brasileira.
>
> Cumpre-nos, comunicar a V. Excia, como chefe da Nação Brasileira:
>
> Nós, marinheiros, cidadãos brasileiros e republicanos, não podendo mais suportar a escravidão na Marinha Brasileira, a falta de proteção que a Pátria nos dá; e até então não nos chegou; rompemos o negro véu que nos cobria aos olhos do patriótico e enganado povo.
>
> Achando-se todos os navios em nosso poder, tendo a seu bordo prisioneiros todos os oficiais, os quais têm sido os causadores da Marinha Brasileira não ser grandiosa, porque durante vinte anos de República ainda não foi bastante para tratar-nos como cidadãos fardados em defesa da Pátria, mandamos esta honrada mensagem para que V. Excia. faça

---

27 Edmar Morel, *op. cit.*, p. 82

aos Marinheiros Brasileiros possuirmos os direitos sagrados que as leis da República nos faculta, acabando com a desordem e nos dando outros gozos que venham engrandecer a Marinha Brasileira; bem assim como: retirar os oficiais incompetentes e indignos de servir a Nação Brasileira. Reformar o Código Imoral e Vergonhoso que nos rege, a fim de que desapareça a chibata, o bolo e outros castigos semelhantes; aumentar o nosso soldo pelos últimos planos do ilustre Senador José Carlos de Carvalho, educar os marinheiros que não têm competência para vestir a orgulhosa farda, mandar pôr em vigor a tabela de serviço diário, que a acompanha.

Tem V. Excia o prazo de 12 horas, para mandar-nos a resposta satisfatória, sob pena de ver a Pátria aniquilada – Bordo do encouraçado "São Paulo", em 22 de novembro de 1910. Nota: Não poderá ser interrompida a ida e volta do mensageiro – Marinheiro.[28]

O que primeiro nos chama a atenção na proclamação é o signatário do memorial: Marinheiro. Há duas possíveis interpretações. A primeira, seria uma maneira de proteger os envolvidos, ao não citar os nomes ou o nome do chefe do movimento. A segunda, que me agrada mais, é a despersonalização do movimento. Tratava-se de um movimento coletivo, em que os nomes individuais dos participantes eram englobados

[28] Edmar Morel, *op. cit.*, p. 84.

num corpo único, coletivo, vivo – marinheiro – de onde derivava a força do movimento.

Os historiadores concordam que o memorial não foi escrito no calor dos acontecimentos. Na verdade ele deve ter sido preparado com antecedência. Não só a caligrafia é perfeita, sem sinal de rascunho, como a referência a oficiais presos não correspondia à realidade – não havia oficiais presos no navio. Eu ainda acrescentaria: o documento – apresentando um elenco de reivindicações gerais – amplia o alcance da primeira mensagem produzida – lá só se fala na eliminação da chibata. A autoria é atribuída a Francisco Dias Martins, não só porque era mais preparado, mas também porque João Cândido, homem de poucas letras e sem uma falangeta do dedo indicador na mão direta, não devia ter uma boa caligrafia nem condições de redação.

O documento deve ser analisado à luz de uma questão política de fundo. O movimento não se pretendia político, de oposição ao poder constituído – e a referência a isso é constante em todos os pronunciamentos. Suas reivindicações são – para usar uma expressão atual – corporativas, isto é, diziam respeito às condições de trabalho dentro da Marinha. Mas, na medida em que a Revolta da Chibata pôs em discussão a questão de dar aos marinheiros a condição de "cidadãos da República", o motim, ainda que não de um modo explícito, toca numa das questões fundamentais da nossa história: o processo de construção da cidadania no Brasil. O que os revoltosos exigiam era, no fundo, serem considerados cidadãos, numa república em que poucos eram assim considerados, de fato.

Os dias seguintes foram de exibição da esquadra e articulações políticas e militares. No dia 25, o governo expedia uma nota dura, enquanto na Câmara se articulava a anistia, com o seguinte teor:

1º – Que as autoridades não consentiriam no desembarque dos marinheiros no litoral, com exceção no Arsenal da Marinha.

2º – Não responderiam ao radiograma dos rebeldes.

3º – Se os rebeldes não se rendessem, mandariam torpedear os navios revoltados.

As notícias causaram pânico na cidade. Partiram para Petrópolis 12 composições especiais levando três mil pessoas. As famílias da zona Sul fugiam para o subúrbio de maneira atabalhoada, ao longo da Avenida Central. A reação foi tão grande que obrigou o governo a desmentir as primeiras informações, dizendo que o governo não tencionava iniciar o bombardeio dos navios revoltosos e por isso não autorizava a afirmação feita no "Boletim" da manhã, estando à espera da solução que estava sendo estudada pelo Congresso Nacional.

Na verdade, o pânico da população e o próprio encaminhamento político da questão eram, em parte, fruto do efeito produzido pela imprensa que , ao receber a nova esquadra com expressões como "invencíveis encouraçados, capazes de despejar toneladas de explosivos a muitos quilômetros de distância", gerou na população um verdadeiro pavor ao ver aquela parafernália toda voltada contra ela. Esse é um dos aspectos, inclusive, que será utilizado por Rui Barbosa na defesa do projeto de anistia – a invencibilidade dos encouraçados.

Depois do desmentido do governo, surgiram duas proclamações dos revoltosos. Uma, vinda do "Minas Gerais", dirigida ao Presidente. A outra do "São Paulo", tendo como destinatário o ministro da Marinha. A primeira dizia:

> Ao povo e ao chefe da Nação.
>
> Os marinheiros do "Minas Gerais", do "São Paulo", "Bahia", "Deodoro" e mais navios de guerra vistos no porto, com a bandeira encarnada, não têm outro intuito que não seja o de ver abolido das nossas corporações armadas o uso infamante da chibata que avilta o cidadão e abate os caracteres. A resolução de içarem no mastro dos navios as bandeiras encarnadas e de se revoltarem contra o procedimento de alguns comandantes e oficiais só foi levada a efeito depois de terem reclamado, por vezes insistentemente, contra esses maus tratos, contra o excesso de trabalho a bordo e pela mais absoluta falta de consideração com que sempre foram tratados.

Do chefe da Nação, o ilustre marechal Hermes da Fonseca, cujo governo os marinheiros desejam seja coroado pela paz e pelo mais inexcedível brilho, só desejam os reclamantes a anistia geral, a abolição completa dos castigos corporais para engrandecimento moral das nossas classes armadas.

Os marinheiros lamentam que esse acontecimento se houvesse dado no começo da presidência de S. Excia., o Sr. Marechal Hermes da Fonseca, a quem a guarnição do "São Paulo" é especialmente simpática.

Ao povo brasileiro, os marinheiros pedem que olhem a sua causa com a simpatia que merece, pois nunca foi seu intuito tentar contra as vidas da população laboriosa do Rio de Janeiro.

Só em última emergência, quando atacados ou de todo perdidos, os marinheiros agirão em sua defesa. Esperam, entretanto, que o governo da República se resolva a agir com Humanidade e Justiça. Os marinheiros da Armada Brasileira.[29]

A outra proclamação, do "São Paulo", se dirigia à Marinha nos seguintes termos:

À Marinha Brasileira

Temos a honra de, com o maior sacrifício, implorar de S. Exa. a Liberdade, pois nada mais nos aflige do que passar pelas decepções que continuadamente temos sido alvo e acabar por completo com essas infâmias a que ninguém nos

---

[29] Edmar Morel, *op. cit.*, p. 89.

dá direito, temos a tristeza de escolhermos estes termos tão desastrosos em nosso procedimento.

Não somos criminosos, mas a maneira com que somos tratados nos obriga a este mau procedimento.

Por isto, pedimos a V. Excia. abolir o castigo da chibata e os demais bárbaros castigos pelo direito da nossa liberdade a fim de que a Marinha Brasileira seja uma Armada de cidadãos e não uma fazenda de escravos que só têm dos seus senhores o direito de serem chicoteados.

Na Marinha Brasileira de há tempos já andávamos prevenidos para demonstrar que na Marinha atual não eram precisos a chibata e nem os castigos violentos de que temos sido vítimas, para sermos bons marinheiros e para isso damos prova de que basta V. Excia. dar um golpe de vista pelas contínuas reclamações que sempre temos feito implorando aos Comandantes, ao Ministério e, enfim, até às redações dos jornais. Chegamos a rogar-vos que acabasse com esses castigos bárbaros essas violências e enfim todas essas infâmias que só fazem manchar e desgastar o bom andamento e união da Marinha Brasileira.

Chegamos até o último extremo que a paciência nos levou e, por isso, convencidos de que não éramos atendidos, fomos obrigados a mandar uma circular a todos os navios da nossa esquadra, declarando a todos que a Marinha carecia de união e lealdade, a fim de, com um pouco de heroísmo, acharmos de comum acordo obter a nossa liberdade e o nosso direito e retirar esta dinastia, sendo que, se possível fosse, resisti-

ríamos até perder a última gota de sangue, mas conquistávamos o nosso bom senso. Esta circular, distribuída há dias na nossa esquadra, tinha por sinal que o primeiro navio que comandante ou oficial qualquer usasse de bárbaros castigos se fizesse revoltoso e contasse com todas as almas, reunidas em um só corpo. E, por isso, foi esta a causa do fato que nos levou a este procedimento, logo que soubemos que a bordo do "Minas Gerais", na noite de 21 do corrente, era castigado barbaramente um dos nossos companheiros. Tramou-se o deflagrar da revolução e, por isso, somos obrigados a dizer a V. Exa. que a Marinha Brasileira acha-se resolvida a aceitar a paz pela seguinte maneira: Que o Sr. Presidente venha em pessoa com uma comissão de Senadores e Deputados a fim de que S.Exa., com esta comissão, lavre o termo da paz pela seguinte maneira: Por decreto do Sr. Presidente da República ficam abolidos os castigos corporais na Marinha como também não hajam direitos de oficiais e inferiores maltratarem praças com palavras agravantes, como por decreto do Sr. Presidente ficam perdoados todos os marinheiros que fizeram a revolta.
Confiante na pessoa de V. Exa. a marujada faz-se humilde aos vossos pés, mas não se descuidando desta data em diante de andarmos prevenidos para uma outra ocasião quando forem violados nossos direitos, bem como pedimos que nesses direitos o marinheiro tem por fim de proceder com a melhor forma de correção.
Outrossim a Marinha pede a garantia de todos os revoltosos e que nenhum castigo soframos depois de nossa entrega.

Em nome da Marinha Brasileira, somos de sua Exa. humildes subordinados.

Saúde e Fraternidade. Os marinheiros revoltados.[30]

A primeira proclamação foca o objetivo da revolta: a eliminação dos castigos físicos e, ao mesmo tempo, modera o tom, dizendo que não pretendem usar a força que possuem contra a república e que só agirão em defesa própria. A segunda proclamação mantém o foco mas eleva o tom emocional, identificando a Marinha com "uma fazenda de escravos que só têm dos seus senhores o direito de serem chicoteados". Informa a causa imediata do movimento – embora erre na data da ocorrência, indicando dia 21 e não o dia 16, como seria correto – e define mais especificamente as condições para o encerramento da revolta.

O sentido das proclamações tem a ver com as condições de luta dos marinheiros. O movimento não pretendia subverter a hierarquia nem tinha conotações políticas e, para que tivesse êxito, precisava, de certa forma, da boa-vontade das autoridades.

Do ponto de vista da tática política, as proclamações deixavam em aberto a possibilidade de acordo e se colocavam numa atitude de aceitação das autoridades constituídas.

---

30 Edmar Morel, *op. cit.*, p. 90.

Em nenhum momento, os revoltosos bombardearam a cidade. Uma bomba, destinada ao Arsenal da Marinha, atingiu um pardieiro da Rua da Misericórdia e matou duas crianças. Ao saber do acontecido, João Cândido teria dito: uma desgraça! Algumas granadas atingiram a cidade, mas nada grave. Os marinheiros aguardavam, com a terceira maior esquadra do mundo, que as autoridades lhe dessem o mínimo que pediam.

E em que pé andava a reação contra a revolta pretendida pela oficialidade da Marinha? Teria realmente o governo condições de reagir? O próprio João Cândido, em seu depoimento ao MIS, diz que sim.

> Nós nos fizemos ao mar, fomos para o alto mar. Depois começou aquela confusão, de ataca, não ataca, e os oficiais do Exército impunham: o governo tinha força para atacar. Como de fato tinha. O governo na época tinha força para atacar, pois tinha uma flotilha de 10 destróieres novinhos, saídos da fábrica no mesmo ano. Havia mais de, talvez, 50 torpedos com cabeça de combate preparadas. O governo não atacou mesmo por negligência, por negligência e por covardia. Covardia porque o governo teve poderes para atacar, que os oficiais, a oficialidade dispunha da teoria, e os marinheiros puramente da prática e da boa vontade.[31]

[31] João Cândido, *o Almirante Negro*, p. 79.

A situação, no entanto, não era muito fácil. A reação deveria vir da Divisão de destróieres, liderada pelo navio "Rio Grande do Sul", que atacaria os navios revoltosos, contando com o elemento surpresa – portanto não poderia ser de dia. Mas havia uma certa desconfiança com relação ao comportamento da tripulação, ao receber ordem para atacar os próprios companheiros. Além disso, os destróieres não dispunham das cabeças-de-combate dos torpedos, carregadas de explosivo, a única arma que poderia atingir com resultado os encouraçados. Elas estavam em um depósito em Niterói, cujo acesso estava dificultado pela presença dos navios revoltosos na baía. Também não havia uma organização de base que facilitasse o suprimento desse material de modo fácil e imediato.

Mas, mesmo com todas estas dificuldades, uma parte da oficialidade queria reagir com o torpedeamento dos navios e os preparativos para a reação começaram na mesma noite do dia 22, embora não houvesse uma posição firme por parte do governo.

A notícia do possível ataque chegou aos ouvidos dos amotinados pelo rádio-telegrafista do navio "Timbira": "Tenha cuidado com a noite. Os destróieres vão atacar".

João Cândido ordenou a saída da esquadra, barra afora, para preparar a defesa: "os destróieres eu mandaria afundar com meia dúzia de tiros, reduzindo tudo a um montão de ferro velho. O que eu não queria era o sacrifício inútil de vidas, de lado a lado."[32]

Às duas horas da madrugada do dia 25, o ministro da Marinha deu ordem para desfechar o ataque. Pouco antes das três, recebeu uma contra-ordem do presidente da República.

Se a reação militar não se efetivou, o que tomou corpo, enquanto o governo se dividia, foi um projeto de anistia para os rebelados, assinado por um conjunto de senadores, entre os quais Rui Barbosa. A sessão da Câmara de Deputados assistiu a vários discursos em que, pela primeira vez, se pronunciava o nome de João Cândido. No Senado, Rui Barbosa defendeu o projeto. Seu argumento básico em favor da anistia era simples: ou o governo tinha meios de debelar o movimento e deveria empregá-los imediatamente ou não tinha, e o melhor, o que aconselhava a prudência, era a submissão às circunstâncias do momento. E, para ele, o governo não tinha condições porque se a esquadra revoltada era o que havia de mais moderno, já que se compunha dos encouraçados, não seriam os torpedeiros e destróieres que iriam conseguir debelar a rebelião, a não ser que se quisesse demonstrar que os encouraçados não eram inexpugnáveis como se pensava.

---

[32] Edmar Morel, *op. cit.*, p. 99.

A seguir fazia a defesa dos homens que estavam nos encouraçados, dizendo que suas almas tinham revelado virtudes que só honrariam a nossa gente e a nossa raça. Fez referências a algumas informações dadas pelo deputado José Carlos de Carvalho, reveladoras do excelente comportamento dos marinheiros nos navios, seus cuidados com a segurança e com a manutenção da disciplina. Considerou as reivindicações dos marinheiros irrecusáveis. A certa altura, afirmava:

> O orador está persuadido intimamente de que a grande parte, a maior parte porventura dos males sociais pelos quais ainda hoje penamos no Brasil se deve à infância moral da escravidão, há tantos anos entre nós já extinta – e concluía – extinguimos a escravidão sobre a raça negra, mantemos, porém, a escravidão da raça branca no Exército e na Marinha, entre os servidores da Pátria, cujas condições tão simpáticas são a todos os brasileiros.[33]

O discurso foi recebido com palmas pelo plenário, e o projeto de anistia foi votado, em regime de urgência, pelo plenário da Câmara, recebendo 125 votos a favor e 23 contra. Às 17 horas do dia 25 de novembro, o ministro da Justiça trazia o decreto, que recebeu o

---

[33] Edmar Morel, *op. cit.*, p. 111. A estranha referência à "escravidão da raça branca" talvez possa ser entendida como um efeito da escravidão, que acabou criando comportamentos "escravagistas" dentro da sociedade brasileira, independente da abolição formal da escravidão.

número 2.280, de 25/11/1910, para sanção do presidente. Só tinha dois artigos. Em um, concedia-se anistia aos insurgentes, caso os mesmos se submetessem às autoridades no prazo que essas marcassem. O segundo, revogava as disposições em contrário.

Conhecedores da decisão do Congresso Nacional, os revoltosos responderam:

> Ao Comandante José Carlos de Carvalho
>
> As guarnições dos navios reclamantes agradecem a V. Excia. pelo feliz resultado que por vós nos foi alcançado junto ao Congresso Nacional em nosso favor, fazendo que a nossa santa causa, que a V. Excia estava confiada, fosse coroada de feliz êxito. Por este motivo temos a afirmar a V. Excia., uma vez satisfeitas nossas reclamações, o ilustre Marechal Hermes da Fonseca e a Nação brasileira não encontrarão dentro dos limites da pátria homens mais patriotas e mais submissos às leis de nosso país. Viva o ínclito Marechal Hermes! Viva o Comandante José Carlos de Carvalho, perpétuo defensor da classe oprimida! Viva o Congresso Nacional! As guarnições do "Minas Gerais", "São Paulo", "Bahia" e "Deodoro".[34]

A aceitação da anistia teve seus contestadores entre os marinheiros revoltados. Do navio "Deodoro" partiu uma proclamação assinada pelo marinheiro José Alves de Souza, que dividia a liderança daquele navio

---

[34] Hélio Leôncio Martins, *op. cit.*, p. 123.

com o comando oficial de André Avelino, revelando o desgosto com a decisão tomada:

> Todo este desgosto partiu do comandante João Cândido ter aceito a anistia, feita por terra, e não com a presença a bordo do presidente da República e do seu Ministério da Marinha. Embora o comandante da divisão revoltada tivesse procurado nos convencer que seria impossível o governo vir assinar a anistia em nossa presença, nós ainda discordamos, não só disto, como do fato de não se ter aumentado por lei, também, o nosso miserável soldo. Lamentamos que o chefe João Cândido, arrastando o "São Paulo", o "Minas Gerais" e o "Bahia", tenha aceitado a proposta do governo, para ficarmos, depois de tanto sacrifício, nas mesmas condições de oprimidos. Pelo muito que temos feito, pelo nosso grande sacrifício na luta, o que nenhum companheiro ignora, nós apelamos para as guarnições dos navios revoltados, a fim de que resolvamos o nosso destino, antes de aceitar a entrega da esquadra, para que não nos arrependamos mais tarde. Não devemos ter pressa da anistia. Esperemos por alguns dias. Não dizem que o nosso soldo será discutido no Congresso? Pois aguardemos a sua discussão. Nós temos força. O povo está conosco. Ele há de nos ajudar a forçar o governo a dar tudo o que desejamos.[35]

Mas a revolta tinha chegado ao fim. Em seu editorial do dia 26 de novembro, o *Correio da Manhã* dizia:

---

35 Edmar Morel, *op. cit.*, p. 123.

> Voltamos à paz, à tranqüilidade; voltamos, é certo, depois de muita aflição, mas felizmente sem sofrimentos e prejuízos que eram de se esperar da atitude assumida, nos primeiros momentos, pelos marinheiros sublevados, de posse das mais formidáveis máquinas de guerra marítima que existem no mundo. Devemo-lo à anistia; foi ela que impediu que fosse bombardeada a cidade do Rio de Janeiro (...)
>
> O poder público procedeu de acordo com o sentimento geral da população. Rara foi a voz que se levantou contra a anistia quando ela foi aventada. Logo após ser aprovada, muitos poucos não a aplaudiram (...)
>
> A anistia, reconhecemos, foi uma capitulação dos poderes públicos e, como toda capitulação, deplorável. Melhor teria sido que ela nunca viesse a figurar em nossa história. Mas, incontestavelmente, foi o remédio extremo para extremo mal.[36]

O editorial expressava o sentimento médio geral. A anistia fundava-se principalmente no pânico gerado pela posse em mãos dos revoltosos das "máquinas de guerra"; no desejo dos políticos influentes de não produzirem uma crise de graves conseqüências para um governo que mal estava começando; e em certas "dificuldades" – entre as quais certamente a desconfiança em relação aos subordinados – percebidas pela

---

[36] Hélio Leôncio Martins, *op. cit.*, p. 128.

oficialidade da Marinha, caso vingasse a decisão de reagir militarmente à revolta.

Decidida a anistia, foram designados os comandantes que deveriam tomar conta dos navios em poder dos rebeldes. O último contato dos revoltosos, por telégrafo, fazia uma última ameaça, um pouco fora de tom depois da última proclamação, ao tomarem conhecimento da anistia. Talvez agora, ânimos serenados, desconfiassem da República que os acolhia de volta. Eis os termos: Comandante José Carlos – Catete – Entraremos amanhã ao meio dia. Agradecemos os seus bons ofícios em favor de nossa causa. Se houver qualquer falsidade o senhor sofrerá as conseqüências. Estamos dispostos a vender caro as nossas vidas. Os revoltosos.[37]

Os navios "São Paulo" e "Bahia" entraram na baía às 7:30 h da linda manhã de sol do dia 26 de novembro. Mas somente às 13 horas entraram o "Minas Gerais" e o "Deodoro". As bandeiras rubras foram arriadas. As quatro embarcações prestaram homenagem aos mortos, fazendo hastear o Pavilhão Nacional em funeral. João Cândido pronunciou uma oração, enquanto era executado o toque de silêncio. Ao chegar a bordo do "Minas Gerais", o capitão de Mar-e-Guerra João Pereira Leite foi recebido com vigoroso aperto de mão de João Cândido, enquanto a banda executava o hino,

---

[37] Edmar Morel, *op. cit.*, p. 124.

com toda a tripulação formada no convés. O capitão percorreu o encouraçado, encontrando-o em perfeitas condições, e leu o decreto de anistia. Finda a leitura, João Cândido tirou o lenço vermelho que trazia no pescoço e recolheu-o ao bolso.

O que os marinheiros tinham ganho?

Apenas o perdão por terem se revoltado.

Porque nem mesmo o decreto abolindo a chibata – a maior, senão a única exigência da revolta – tinha sido assinado. Na verdade, a chibata simplesmente desapareceu, sendo sua abolição ratificada nos códigos e regimentos disciplinares que foram sendo elaborados.

Mas se a vitória imediata mais parece uma derrota, é preciso refletir sobre a importância da ação humana em qualquer processo de transformação social. É certo que, num primeiro momento, não conseguiram o que pretendiam – a revogação explícita da lei da chibata. Mas teria ela desaparecido, tão rapidamente, se aqueles homens não tivessem se revoltado?

Revolta da Chibata, João Candido, marinheiros sublevados
e jornalista no Minas Gerais

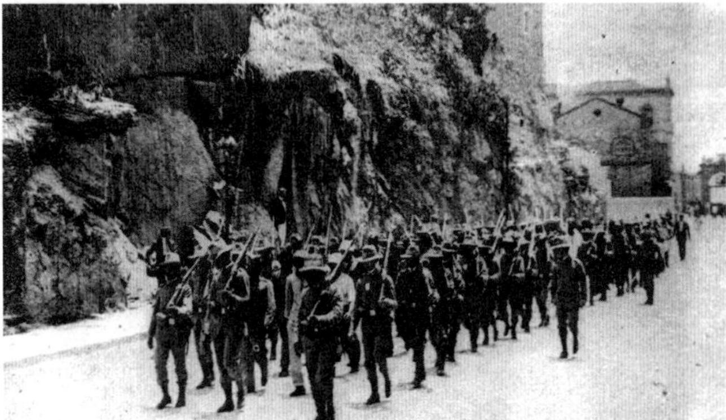

Revolta da Chibata, marinheiros presos no Arsenal da Marinha

Cela 5: cal e linha

A anistia não eliminou o sentimento de mal-estar que permaneceu no seio da Marinha: desconfiança do oficialato em relação aos marinheiros que, há pouco, tinham subvertido toda a hierarquia; sentimento de frustração pela impotência (quem sabe até covardia) frente à revolta; desmoralização perante a opinião pública, que, de certa forma, admirou-se de que aqueles "negros", de posse de máquinas de guerra, demonstrassem competência para manobrá-las.

A Marinha aceitou a anistia mas tratou de limpá-la dos "maus elementos". O decreto nº 8.400, de 28/11/1910, autorizou a baixa, por exclusão do Corpo de Marinheiros Nacionais, de praças cuja permanência se tornasse inconveniente à disciplina. A sanha vingativa foi tão grande que os navios ficaram privados de pessoal para os serviços indispensáveis de sua manutenção e as celas da Ilha das Cobras encheram-se de conspiradores. Nem a Câmara – exceto Rui Barbosa – nem os jornais estranharam que um decreto de certa forma anulasse, na prática, os efeitos da anistia concedida.

Cresciam boatos de que estava para eclodir uma nova revolta – alguns dizem que fomentada pelo próprio governo, que queria aprovar o estado de sítio. Na noite do dia 9 de dezembro, começou o motim, envolvendo o navio "Rio Grande do Sul" e o batalhão de Fuzileiros Navais, da Ilha das Cobras. Sem reivindicações explícitas, os motivos da revolta até hoje não são conhecidos. Mas a reação do governo foi imediata e drástica, ordenando a rendição, inclusive com bombardeio.

Como se comportaram diante do motim os navios revoltosos de 22 de novembro? Não aderiram. Diz João Cândido em seu depoimento ao MIS:

> o governo fomentara a revolta na Ilha das Cobras, levantando o regimento naval para daí irem para o mar e atacarem os navios cujas tripulações estavam anistiadas, para sacrificar os marinheiros. Nós, os marinheiros do "Minas Gerais" e dos demais navios que ainda nos conservávamos a bordo, ainda não havíamos sido excluídos, recusamos, recusamos, e aceitamos, tomamos aquilo como uma afronta, que os navios estavam considerados como desarmados[38] e de

[38] Os navios estavam desarmados porque as culatrinhas (peças nas quais se localiza o aparelho de disparo) haviam sido retiradas por segurança por determinação do ministro da Marinha, depois da revolta de novembro. Com a rebelião na Ilha das Cobras, os marujos passaram a mandar mensagens solicitando o envio das culatras para que pudessem reprimir o motim da Ilha das

forma que arrebentara a revolução na Ilha das Cobras, os marinheiros que estávamos a bordo ficamos sem ação. A oficialidade que estava a bordo, fugiu, fugiu. Abandonaram os navios no porto, de forma que os marinheiros novamente me confiaram o comando dos navios que haviam tomado parte na revolta e haviam sido entregues ao governo, e foram abandonados mais uma vez pelos seus oficiais. Levei o "Minas" para me proteger dos bombardeiros da Ilha das Cobras (...) Por isso, dois ou três dias sem comunicações com os oficiais em terra, resolvi vir ao Arsenal da Marinha. No Arsenal da Marinha fui preso, acusado de haver fomentado a segunda revolta, a preparada pelo governo, que era para tirar o efeito da anistia conseguida.[39]

O motim na ilha das Cobras acabou no dia 10 de dezembro com a morte da maioria dos amotinados, depois de terem feito estragos na cidade e na ilha, onde poucos sobreviveram – junto aos canhões e metralhadoras destruídos jaziam os corpos dos marinheiros. Nos dormitórios, os cadáveres dos oficiais. A revolta, que explodiu na Ilha das Cobras e foi duramente reprimida pelo governo, alimentou o pedido

---

Cobras. Essa atitude despertou suspeitas de que eles estariam querendo as culatrinhas para aderir ao movimento. O fato é que o único canhão de pequeno calibre no qual tinham esquecido a culatrinha, no "Minas Gerais", disparou vários tiros em direção à ilha das Cobras.

39 *João Cândido, o Almirante Negro*, p. 81.

de estado de sítio, em cuja mensagem claramente se procurou relacioná-la com a de novembro:

> Não é possível esconder que esse fato, seguindo-se tão de perto aos acontecimentos de 22 de novembro, é resultado de um trabalho constante e impatriótico que tem lançado a anarquia e a indisciplina nos espíritos, especialmente aos menos cultos e, por isso mesmo, mais suscetíveis de fáceis sugestões.[40]

Apesar da fácil vitória do governo contra os revoltosos, que não justificaria a medida extrema, o estado de sítio, por até 30 dias, abrangendo o Distrito Federal e a comarca de Niterói, foi aprovado no Senado a toque de caixa, por 36 votos contra um, exatamente o de Rui Barbosa.

Debelada a revolta, o governo determinou que os navios "Minas Gerais" e "São Paulo" desembarcassem. Na manhã do dia 13, ao desembarcar no cais dos Mineiros, João Cândido é preso, junto com outros companheiros. Detido no Regimento de Infantaria por vários dias, é transferido na manhã de 24 de dezembro, com mais 17 companheiros, para a Ilha das Cobras, com a recomendação de serem postos em prisão segura e separados dos demais por serem elementos perigosos. O comandante Marques da Rocha mandou o carcereiro recolher os 18 homens e recomendou que, depois de

---

[40] Fernando Granato, *O Negro da Chibata*, p. 74.

fechada, as chaves fossem entregues pessoalmente a ele. Foram para a cela 5 – prisão solitária.

> Cela 5: há um túnel de 180 metros de comprimento, por três de largura, que liga o pátio da Ilha das Cobras ao presídio. A 30 metros da entrada do túnel, do lado esquerdo, foi cavado um buraco na parede. Para se entrar nele, é necessário passar por uma escada, com sete degraus de pedra. Junto à escada, existe a primeira porta da cela, de ferro, seguida de outra, de madeira, a 90 centímetros de distância.
>
> A solitária é encravada na rocha, em forma de cúpula. Não recebe sequer um raio de sol. Sua ventilação é feita por minúsculos furos feitos na chapa de ferro de uma das portas. Na outra, de madeira, também existem pequenos orifícios de ventilação. O chão e as paredes são de pedra.

O que aconteceu, entre a entrada dos 18 presos na manhã do dia 24 até a abertura da porta na manhã do dia 26, está relatado em depoimento de João Cândido:

> A prisão era pequena e minava água por todos os lados. As paredes estavam pichadas. A gente sentia um calor de rachar. O ar, abafado. A impressão era de que estávamos sendo cozinhados dentro de um caldeirão. Alguns, corroídos pela sede, bebiam a própria urina. Fizemos as nossas necessidade num barril que, de tão cheio de detritos, rolou e inundou um canto da prisão. A pretexto de desinfetar o cubículo, jogaram água com bastante cal. Havia um declive

e o líquido, no fundo da masmorra, se evaporou, ficando a cal. A princípio ficamos quietos para não provocar poeira. Pensamos resistir os seis dias de solitária, com pão e água. Mas o calor, ao cair das 10 horas, era sufocante. Gritamos. As nossas súplicas foram abafadas pelo ruflar dos tambores. Tentamos arrebentar a grade. O esforço foi gigantesco. Nuvens de cal se desprendiam do chão e invadiam nossos pulmões, sufocando-nos. A escuridão, tremenda. A única luz era um candeeiro a querosene. Os gemidos foram diminuindo, até que caiu o silêncio dentro daquele inferno, onde o governo federal, em quem confiamos cegamente, jogou 18 brasileiros com seus direitos políticos garantidos pela Constituição e por uma lei votada pelo Congresso Nacional.[41]

Um guarda advertiu o carcereiro dos gritos. Este comunicou o fato ao oficial de serviço que, por sua vez, fez chegar o recado ao comandante Marques da Rocha, que estava pernoitando no Clube Naval. Mas somente às 8 horas do dia 26 de dezembro abriu-se a porta da solitária. A cena era chocante, mesmo para os mais insensíveis: havia 16 cadáveres, dois sobreviventes: João Cândido e o soldado naval João Avelino, o Pau de Lira.

Mesmo com a negativa do médico do Batalhão Naval de fornecer atestados de óbito como morte

---

[41] Edmar Morel, *op. cit.*, p. 181.

natural, os corpos foram retirados e a cela limpa. Lá ficaram os dois sobreviventes. Depois do massacre, João Cândido continuou a ouvir os gemidos de seus companheiros e, em seu delírio, chegava a vê-los, em agonia, gritando desesperadamente, rolando pelo chão de barro úmido e envoltos em verdadeiras nuvens de cal. O comandante Marques da Rocha, por sua vez, foi absolvido em 13 de junho de 1911, pelo Conselho de Guerra, apesar do parecer do promotor que pedia 20 anos de prisão para o comandante.

Devem ser desse período as duas toalhas bordadas que o historiador José Murilo de Carvalho, por um desses acasos, descobriu no Museu de Arte Regional da cidade de São João del Rei. Elas tinham sido doadas ao Museu por Antônio Manuel de Souza Guerra, que, em 1910, era praça do 51° Batalhão de Caçadores de São João del Rei. Chamados ao Rio de Janeiro para auxiliar no policiamento da cidade, por ocasião da revolta dos marinheiros, Antônio Manuel foi encarregado de guardar os presos da Ilha das Cobras, ocasião em que conheceu João Cândido. Segundo seu depoimento ao historiador, João Cândido passava todo o tempo bordando. São duas, as toalhas: uma, apresenta a inscrição "O adeus do marujo" e a outra a palavra "Amor".

No centro do primeiro bordado, "O adeus do marujo", aparecem duas mãos se cumprimentando, uma com manga de marujo e outra com galões de almirante, interceptadas por uma âncora de onde saem, um para cada lado, ramos que lembram os ramos de café e tabaco, da bandeira imperial e das armas da República. Em cima, do lado esquerdo, as iniciais JCF (João Cândido Felisberto). Abaixo da âncora, F. D. Martins, referência ao outro líder do movimento, Francisco Dias Martins. Em cima, do lado direito, a palavra "Ordem" e, embaixo, à esquerda a palavra "Liberdade". Do lado direito, embaixo, a data, 22 de novembro de 1910, exatamente a data da deflagração do movimento.

Muitas interpretações sobre o significado do bordado são possíveis.[42] Uma delas: o bordado representaria a despedida do marujo da Marinha, um momento de extrema tristeza para João Cândido, cuja paixão pela Marinha é inconteste e aparece, em várias ocasiões, durante o seu depoimento ao Museu de Imagem e do Som. É provável que ele sentisse, estando preso e incomunicável, que já não haveria lugar para ele no "lar" que tinha escolhido. Por outro lado, as duas indicações "Liberdade" e "Ordem", que aparecem no bordado, revelariam a ambivalência do movimento e talvez da própria cabeça de João Cândido. Ser marinheiro benquisto pelos oficiais;

---

[42] O historiador José Murilo de Carvalho, no artigo "Os bordados de João Cândido", em seu livro *Pontos e bordados*, tece comentários bastante interessantes sobre os dois bordados. Também nele estão reproduzidos os dois bordados, pp. 289 e 295-296.

ter orgulho de ser timoneiro, tudo isso favorecia os sentimentos da "Ordem", da obediência à hierarquia militar. Por outro lado, a consciência do direito à liberdade, provavelmente acelerada em sua passagem pela Inglaterra, levava-o a se opor à condição de aviltamento a que eram submetidos os marinheiros. Doía nele, certamente, a condição de "não cidadania" dos marujos. Portanto, de um lado, ordem, hierarquia, representada por sua Marinha adorada, e, do outro lado, liberdade, cidadania, formavam um par antitético, que dilacerava o coração daquele homem.

O outro bordado é mais pessoal ainda. Traz, no alto, a inscrição "Amor", numa faixa erguida por duas pombas. Logo abaixo, um coração, atravessado por uma espada, de onde jorram gotas de sangue. Dos dois lados do coração, flores, borboletas e um beija-flor. Não há menção a data. Por quem ou por que sangraria o coração do marujo? Seria ainda por sua amada Marinha? Ou por um amor reprimido? Ninguém nunca saberá.

Mas não foram apenas João Cândido e seus companheiros de cela que sofreram nas mãos do governo. Centenas de marinheiros foram jogados em um navio, o "Satélite", rumo ao Acre, com a justificativa de servirem de mão-de-obra para a Comissão Rondon, que instalava linhas telegráficas, e para construção da Estrada de Ferro Madeira-Mamoré. O navio partiu na noite de 25 de dezembro, com 105 marujos, 292 vagabundos, 44 mulheres e 50 praças do exército. A viagem terminou em 3/2/1911.

Em 26 de maio de 1911, o ministro da Justiça e Negócios Interiores mandou ao Congresso mensagem justificando as medidas tomadas "a bem da ordem pública", durante os 30 dias em que o Distrito Federal e a Comarca de Niterói estiveram sob estado de sítio. O documento era um primor de cinismo. Dizia, a determinada altura, que os ex-marinheiros que vagavam pelas ruas – outros que assim o quiseram receberam passagem para voltar a seu Estado de origem – eram homens de instintos maus, sem ocupação, constituíam motivo de inquietação para todos e por isso o governo tinha resolvido mandá-los para o Acre. E ainda:

> Não era intenção do governo atirar essa gente, sem proteção, nas florestas do Acre; não; o Governo quis lhes proporcionar nessas regiões o trabalho indispensável à sua subsistência e ordenou que metade deles fosse entregue à comissão chefiada pelo coronel Rondon e a outra metade à Companhia da Estrada de Ferro Madeira-Mamoré.[43]

Mas o relatório de viagem do comandante do navio, Carlos Brandão Storry, que pode ser lido no livro de Edmar Morel, é mais revelador dos reais objetivos da viagem. Trata-se de um documento de horror. Nove homens foram fuzilados. No dia 3 de fevereiro 200

[43] Fernando Granato, *op. cit.*, p. 87.

homens foram entregues para a Comissão Rondon. Os demais foram sendo deixados às margens do rio e os seringueiros iam arrebanhando os que apresentavam as mínimas condições.

Booz Belfort de Oliveira, que trabalhava na Comissão Cândido Rondon, em carta enviada a Rui Barbosa, em 30/5/1911, lida em sessão do Senado Federal, em 15 de agosto de 1911, descreveu dessa maneira o desembarque:

> a guarnição formou ao longo do navio armado em guerra, de carabinas embaladas, os porões foram abertos e, à luz de um sol amazonense, os 400 desgraçados foram guindados, como qualquer coisa, menos corpos humanos, e lançados ao barranco do rio. Eram fisionomias esguedelhadas, mortas de fome, esqueléticas e nuas, como lêmures das antigas senzalas brasileiras. As roupas esfarrapadas deixavam ver todo o corpo. As mulheres, então, estavam reduzidas às camisas.[44]

João Cândido sobreviveu ao massacre da cela 5 e ao massacre do "Satélite".

Às 10:30 h do dia 18 de abril de 1911, João Cândido saiu da Ilha das Cobras e foi internado no Hospital de Alienados. Vinha com um ofício de uma junta médica em que se dizia que o praça estava sofrendo de astenia cerebral, com melancolia e períodos delirantes, pelo

---

[44] Edmar Morel, *op. cit.*, p. 174.

que julgavam necessário ser tratado em um lugar mais conveniente. A princípio arredio, abatido, vai aos poucos se abrindo. Consegue passar um período tranqüilo, gozando até de liberdade. Com autorização para sair, dizem que chegou a namorar uma enfermeira viúva, que morava na Rua da Passagem. Sem motivos para permanecer no hospício, dois meses depois voltou para a Ilha das Cobras. Ficaria ainda preso 18 meses.

Ao meio dia de 29 de novembro de 1912, reuniu-se o Conselho de Guerra, para julgar 10 dos 70 marinheiros pronunciados pelo Conselho de Investigação, que, durante cerca de dez meses (dezembro de 1910 a outubro de 1911) apurou os fatos relacionados à participação dos revoltosos de novembro nos acontecimentos de dezembro. Por sua vez, o Conselho de Guerra, face às lacunas e imprecisões da pronúncia, trabalhou de junho de 1912 até a data do julgamento, lendo os autos, ouvindo testemunhas.

O julgamento durou até a madrugada do dia 1º de dezembro. Dos 70 indiciados, só dez estavam encarcerados. Os demais foram dados como desaparecidos, excluídos, inexistentes, extraviados, falecidos por insolação, fuzilados. Dos comandantes de navios revoltosos, estavam, além de João Cândido, Francisco Dias Martins ("Bahia") e Manuel Gregório do Nascimento ("São Paulo"). A defesa foi feita por três grandes advogados, que nada cobraram: Evaristo de Morais, Jerônimo de

Carvalho e Caio Monteiro de Barros, contratados pela Irmandade da Igreja de Nossa Senhora do Rosário, que exercera um papel muito importante na época da luta pela abolição.

Os acusados foram absolvidos por unanimidade. Na sentença, o presidente do Conselho de Guerra, referindo-se especificamente a João Cândido, em um dos inúmeros "considerandos" em que baseou sua decisão, mostrava a falta de fundamentos da prisão, por quase dois anos, dos marinheiros anistiados:

> Considerando que a mudança do ancoradouro do navio, para evitar que fosse atingido pelos projéteis dos rebeldes, a expedição de radiograma ao governo, protestando-lhe solidariedade, o armamento da tripulação, para repelir um esperado assalto dos mesmos rebeldes, a prisão de alguns destes que foram ter ao "Minas Gerais", e os disparos feitos contra a ilha revoltada, únicos fatos apurados com relação ao réu João Cândido, e não só não constituem infração do preceito transcrito, como ainda induzem à prova de que os réus não estavam de inteligência com os insurretos, e, pelo contrário, se dispunham a combatê-los , mantendo-se fiéis à legalidade.[45]

João Cândido, que tinha se mantido, durante o julgamento, tranqüilo, um pouco carrancudo, olhando de frente todos os juízes, ao saber da decisão, foi tomado

---

45 Edmar Morel, *op. cit.*, p. 210.

de grande emoção e chorou. Abraçou o advogado Evaristo de Morais e foi abraçado pelos companheiros.

Em 30 de dezembro de 1912, João Cândido foi expulso da Marinha, sem dinheiro e apenas com a roupa do corpo. Tinha 32 anos de idade.

Um joão-ninguém

Depois de receber roupas, algum dinheiro e sapatos da Irmandade da Igreja Nossa Senhora do Rosário, desempregado, passou a freqüentar a Praça XV, olhando o mar que tanto amava. Lá conheceu o carpinteiro Freitas que lhe ofereceu um quarto, em sua casa, na Rua Ipiranga, em Laranjeiras, onde foi morar e acabou casando com uma de suas seis filhas, a Marieta, aos 33 anos de idade.

Ainda queria continuar ligado ao mar. Conseguiu seu primeiro emprego em um navio, o veleiro "Antonico", que transportava açúcar para o Sul do país. Foi demitido por pressão do comandante dos portos de Santa Catarina, Ascânio Montes, que o reconheceu, quando lá esteve a serviço do navio, como aquele que o tinha aprisionado na Revolta da Chibata. Não desistiu. Já pai do seu primeiro filho, embarcou, não como timoneiro mas como empregado de descarga, no navio cargueiro "Ramona", que fazia a linha Vitória- Paranaguá, levando café e trazendo cereais. Deixou o navio doente, com infecção pulmonar, chegando a ser internado na Santa Casa de Santos. Sua terceira tentativa no mar foi como tripulante do veleiro de nome "Miarim", que fazia a linha Rio-Buenos Aires. Numa das viagens, o veleiro encalhou num banco de areia do Rio da Prata e a perícia de João Cândido impediu um acidente maior. Ganhando fama como timoneiro, foi essa função que exerceu em sua nova casa, o navio "Ana", uma embarcação de luxo, da empresa Carlos Hoepcke e Cia., que fazia transporte de passageiros entre Florianópolis e Rio de Janeiro. Dois meses depois, foi demitido, por pressão do mesmo comandante dos Portos de Santa Catarina que o tirara do "Antonico".

Novamente desempregado, chegou a ser convidado para trabalhar na Polícia, como delator, ofício que recusou. Resolveu então usar seus últimos 100 cruzeiros para comprar um pequeno barco, um caíque, com o qual pescava na praia de Santa Luzia e vendia os peixes na Praça XV. Em 1917, morreu-lhe a mulher.

Aos quarenta anos, já não trabalhava em nenhum navio ou até mesmo em seu caíque. Vivia do trabalho pesado de descarga de peixes no mercado da Praça XV.

Desse mesmo cais, partiu para a última homenagem ao encouraçado "Minas Gerais" que, em março de 1953, foi vendido como sucata. Em um pequeno barco, João Cândido rumou para o ancoradouro, onde estava o "Minas Gerais", já desarmado, sem a torre, preso a dois possantes rebocadores de alto-mar. O seu antigo comandante, dos dias agitados de novembro de 1910, beijou o casco cheio de ferrugem do vaso-de-guerra que foi o orgulho do Brasil. Acariciou-o e não conteve as lágrimas. Aquela belonave, reduzida à humilhante condição de um montão de ferro-velho, era um pedaço da sua vida.[46]

Em 1920, João Cândido conheceu sua segunda mulher, uma bela mulata de olhos verdes, de 18 anos de idade, Maria Dolores, que lhe deu quatro filhos. Morou com ela no subúrbio, em São João do Meriti. No trabalho de descarga, trabalhava durante a noite e a madrugada, espantando o frio com goles de cachaça. Os ciúmes da mulher causavam problemas à vida familiar e, numa dessas brigas, ela saiu de casa, levando duas filhas. Alguns dias se passaram e, na manhã de 13 de setembro de 1928, Maria Dolores, acompanhada das duas filhas, foi até à praia de Botafogo. Junto ao mar, depois de deixar as crianças junto à cerca que separava a praia da rua, jogou álcool nas vestes e ateou fogo, vindo a falecer quinze dias depois.

João Cândido sobreviveu. Ele, e os quatro filhos, na pequena casa onde, nos fins de semana, recebia amigos para roda de música. A preferida é "Cisne Branco", aquela que começa assim: Ó cisne branco

---

[46] A cena foi presenciada pelo repórter Aôr Ribeiro e está relatada no livro de Edmar Morel, p. 239.

que em noites de lua vai navegando no mar azul... o meu navio também flutua, nos verdes mares de norte a sul...

Ainda se casaria uma terceira vez com Ana do Nascimento, nascida em Paraíba do Sul, no Estado do Rio de Janeiro.[47]

Enfrentaria nova tragédia familiar em outubro de 1938. A filha mais velha de sua segunda mulher, com quem tinha dificuldades de relacionamento, saiu de casa e junto aos armazéns ferroviários da Pavuna, nas imediações de São João do Meriti, repetiu o gesto da mãe: jogou álcool sobre o corpo e ateou fogo. Sobreviveu uma semana.

João Cândido resistiu. E continuou vivendo. Uma vida dura e difícil. Em 1952, um jornalista o descobriu nas ruas de Coelho da Rocha. João Cândido respondeu à abordagem com palavras duras: "Não falo à imprensa. Quero ser um joão-ninguém, um homem que está precisando mais de dinheiro que de publicidade".[48]

---

[47] Em seu depoimento ao MIS, João Cândido diz que tem cinco filhos homens. Mas, na hora de dizer os nomes, cita três homens e uma mulher (provavelmente citou os filhos da segunda mulher, porque ele mesmo diz que há mais de 30 anos não sabe do primeiro filho). Da primeira mulher, teve um filho. Da segunda, teve quatro, sendo duas mulheres, uma delas já morta. Também fala de uma quarta mulher, com quem vivia ao tempo do depoimento ao MIS.

[48] Fernando Granato, *op. cit.*, p. 117.

Por insistência do jornalista, aceitou que ele fosse até à Praça XV e o fotografasse com os peixes.

O dinheiro, de que ele precisava, ele o receberia em 1961. Um vereador gaúcho tinha encaminhado à Câmara Municipal um projeto de lei, concedendo-lhe o título de cidadão de Porto Alegre. Estavam também previstas uma recepção, pelo então governador Leonel Brizola, e a inauguração de um busto em praça pública; haveria também homenagens em Rio Pardo, sua cidade natal. A Sociedade Floresta Aurora promoveu a ida a Porto Alegre. Mas as homenagens previstas não aconteceram, por pressão da Marinha local. O título de cidadão foi negado, o busto desapareceu e a recepção pelo governador foi cancelada.

Em Rio Pardo, a situação não foi diferente. As homenagens foram canceladas, alegando-se a morte do vigário local. Em compensação, a Câmara local aprovou a concessão de uma pensão de cinco mil cruzeiros. Os deputados estaduais, então, apressaram-se em conceder-lhe uma pensão de oito mil cruzeiros, invalidando a primeira.

Um cheque de 200 mil cruzeiros, também desse ano, entregue pelo então governador da Guanabara, Roberto Silveira, para que ele construísse sua casa, desafogou um pouco sua penúria financeira. A casa, erguida em um terreno na Rua Turmalina, lote 18, quadra 50, em Coelho da Rocha, abrigou em terra firme o marinheiro João Cândido, o Almirante Negro, pelo resto de seus dias.[49]

Não era a primeira vez que se tentava dar uma pensão a João Cândido. Em 1960, uma proposta de um deputado da Câmara Federal nunca foi votada e, na imprensa, o almirante Carlos Penna Botto dizia:

> Os que querem conceder pensão a João Cândido, conscientemente ou não, fazem o jogo dos comunistas, na incerta e difícil hora que atravessamos, e procuram deliberadamente atirar os oficiais da Marinha contra o pessoal subalterno, portando-se, assim, como valiosos inocentes-úteis da 5ª coluna bolchevista.[50]

Pronunciamentos, como este, já sinalizavam os tempos difíceis que viriam...

---

[49] Em seu depoimento ao MIS, João Cândido dá outro endereço: Rua Artur Mariana, lote 18, quadra 50, terceiro distrito de São João do Meriti.

[50] Fernando Granato, *op. cit.*, p. 123.

A participação política do herói dos mares em terra firme

João Cândido passou incólume pelas agitações dos anos de 1920 a rebelião do forte de Copacabana, em 1922, a revolução de 1924, em São Paulo, e a marcha da coluna Prestes, iniciada em 1925.

Mas, em 1932, terá seu primeiro envolvimento político em terra firme. Já com 52 anos, entusiasmou-se pela Ação Integralista Brasileira,[51] que se infiltrara entre os oficiais e praças da Marinha. Integrado no núcleo da Pavuna, participou, em 11 de maio de 1938, do assalto ao palácio Guanabara, residência do presidente da República, ato promovido pela Ação Integralista. É o próprio João Cândido quem relata:

> Vesti a camisa verde. Pertenci ao núcleo da Pavuna e várias vezes fui recebido pelo dr. Plínio Salgado, sempre cercado de oficiais de Marinha, com os quais conversei de igual

51 A Ação Integralista Brasileira, fundada em outubro de 1932, por Plínio Salgado, teve papel político importante no período. Defendia um Estado forte e tinha no anticomunismo uma de suas bandeiras principais. Em 1938, já em pleno Estado Novo, tentou derrubar Getúlio, mas fracassou. É sobre esse acontecimento, de maio de 1938, que João Cândido fala.

para igual. Entrei no integralismo para ver a minha gente, de corpo e alma, mergulhada no casarão da Rua Sachet (quartel-general dos "galinhas verdes") (...) No dia da marcha acreditei na vitória. Estava certo de que o presidente Getúlio Vargas e seus ministros ficariam prisioneiros dos 200 mil homens que paralisaram por completo a vida da cidade durante oito horas. Mas faltou um chefe com coragem. Cansado pela longa caminhada, regressei à casa, com mais um desengano, decepção terrível, por ver claramente o fim de uma jornada que sacudiu a minha Marinha. Estava perdida a sua grande oportunidade.[52]

A participação no ato não trouxe para João Cândido nenhuma conseqüência direta, embora o governo tenha perseguido os integralistas envolvidos e alguns tenham sido mortos.

Em 1964, nova investida para o envolvimento de João Cândido. Era o momento dos novos marinheiros, que, lá pelos idos de 1964, se organizavam e se politizavam. Em 25 de março de 1962, 18 marinheiros fundaram a Associação dos Marinheiros e Fuzileiros Navais do Brasil. A associação tinha nascido por alguns dos mesmos motivos que, em 1910, deram origem à Revolta da Chibata. A Marinha continuava a mesma, fora a abolição da chibata. Uma estrutura bastante autoritária, com pouca possibilidade de crescimento

52 Edmar Morel, *op. cit.*, p. 226.

funcional para os marinheiros; onde só se autorizava o casamento de funcionários militares que ocupassem postos acima de cabo; onde, em lugar da chibata, existia o "livro de castigo" e onde quaisquer reivindicações dos subalternos não eram nem ouvidas e muito menos consideradas. As reivindicações dos marinheiros eram básicas: fim do livro de castigo, direito de se casar, uso de trajes civis fora da repartição, revisão dos planos de carreira, melhores condições de vida nas casernas e uma relação mais humana e fraterna com a oficialidade.

O crescimento da Associação foi rápido e o trabalho intenso. A associação estava representada em cada unidade da Marinha; madrugada adentro, fazia-se o trabalho de arrebanhar os marujos que vagavam pela Central e pelas áreas de prostíbulo; e, fora do horário de expediente, em prédio cedido, alfabetizavam-se não só marinheiros mas também pedreiros, marceneiros, encanadores, pintores e jardineiros; crescia e se fortalecia a solidariedade com outras entidades, inclusive com o Clube dos Subtenentes e Sargentos do Exército, da Aeronáutica e dos Suboficiais e Sargentos da Marinha.

Desde o início, relata Avelino Bioen Capitani, em seu livro *A rebelião dos marinheiros*, de onde retiramos estas informações, havia duas tendências em disputa na associação: uma mais moderada, a favor da colaboração entre oficiais e marinheiros, e outra, que pretendia uma ação mais independente.

Na segunda eleição, o grupo mais combativo ficou com a maioria dos cargos e foi alçado à presidência o marinheiro de primeira classe José Anselmo dos Santos, que, por possuir o dom da oratória e da fácil comunicação com o público, exerceria a função de "relações públicas" da associação.

Em 1963, a vida na associação fervia. Havia, agora, mais do que um conjunto de reivindicações corporativas. O momento político por que passava o Brasil fomentava a discussão de alternativas para o futuro, colocava na rua as "reformas de base", acelerava o processo de mudança. Embora a situação política estivesse bastante tensa, a solenidade de comemoração do aniversário da Associação, marcada para o Sindicato dos Metalúrgicos, na Rua Ana Néri, para o dia 25 de março de 1964, foi confirmada pela diretoria.

João Cândido foi convidado e lá esteve. Recebido com aplausos calorosos, entrou no recinto carregado por quatro marinheiros. Em declaração ao *Jornal do Brasil*, de 25/3/1964, disse:

> Os acontecimentos que vemos hoje são apenas desdobramentos da luta que iniciei em 1910, quando comandei a revolta a bordo do encouraçado "Minas Gerais", defendendo a extinção dos castigos corporais. Sou inteiramente favorável às reformas de base e sei bem que a revolução

está nas ruas e que ninguém poderá evitá-la. Por isso, a expulsão dos marinheiros não representa nada mais do que o temor do almirantado, que não admite que eles se salientem demais.

O ato de comemoração do aniversário da associação, por força da prisão de alguns diretores, já como resultado do acirramento das lutas políticas, transformou-se em ato de rebelião. Um pelotão de 26 fuzileiros, mandados ao local pelo ministro Sílvio Mota, aderiu ao movimento depondo as armas e entrando no prédio. Era a união das forças do mar e da terra.

Não cabe aqui nos alongarmos, detalhando todos os acontecimentos que mexeram com o país entre os dias 24 e 28 de março e que implicaram na demissão do ministro da Marinha, a libertação de todos os marinheiros e fuzileiros amotinados e na morte de um marinheiro, metralhado no arsenal da Marinha, quando, junto com outros 600 praças, dirigia-se em passeata de solidariedade para o Sindicato dos Metalúrgicos. Certamente esses acontecimentos não foram a causa do golpe de 1964. Era apenas mais um ingrediente na crise política em que mergulhava o país. Dias de tensão e expectativa. Em 31 de março, iniciou-se o golpe que implantou a ditadura militar no país por 21 anos.

Em seu depoimento ao MIS, quatro anos depois, João Cândido diz textualmente: "Eu avisei a eles [aos marinheiros de 1964]; vocês vão cair do galho. Nunca me pediram opinião, porém eu já sabia de tudo, avisei a eles".[53]

Saberia o quê, João Cândido?

Edmar Morel, em seu livro, diz que avisou João Cândido das intenções de cabo Anselmo, que era presidente da Associação e que, posteriormente, revelou-se um agente da CIA, infiltrado no movimento e pediu para que tivesse cuidado com possíveis envolvimentos. Não creio que João Cândido tivesse passado essas informações adiante. Os tempos eram outros e a figura de João Cândido certamente tinha sua simbologia, mas não peso político.

Seja como for, João Cândido, já com 84 anos de idade, não se envolveria nos acontecimentos. "Revolta de marinheiro só dá certo no mar", teria dito ele. Os novos revoltosos eram muito diferentes dos de 1910. Havia um posicionamento bem mais político, por mais que seus líderes tentassem vincular o momento de 1964 com o de 1910, como o fez a nota oficial assinada por diretores cuja prisão já havia sido decretada, publicada pelo *Jornal do Brasil* de 25/3/1964. Nela, a Associação dos Marinheiros e Fuzileiros Navais acusava o ministro Sílvio Mota de "construir com sua indiferença um clima de intranqüilidade, semelhante ao que antecedeu a Revolta da Chibata, liderada pelo marinheiro João Cândido".

---

[53] *João Cândido, o Almirante Negro*, p. 90.

O presidente da associação, cabo Anselmo, em seu discurso na festa de comemoração do aniversário da Associação, publicado no *Jornal do Brasil* de 26/3/1964, disse:

> autoridades reacionárias, aliadas ao antipovo, escudadas nos regulamentos arcaicos e em decretos inconstitucionais, qualificam a entidade de subversiva. Será subversivo manter cursos para marinheiros e fuzileiros? Será subversivo dar assistência médica e jurídica? Será subversivo visitar a Petrobrás? Será subversivo convidar o presidente da República para dialogar com o povo fardado? Quem tenta subverter a ordem não são os marinheiros, os soldados, os fuzileiros, os sargentos e os oficiais nacionalistas como também não são os operários, camponeses e os estudantes. Quem neste país tenta subverter a ordem são os aliados das forças ocultas que levaram um presidente ao suicídio, outro à renúncia e tentaram impedir a posse de Jango e agora impedem a realização das reformas de base. Somos homens fardados e não políticos. Não temos compromisso com líderes ou facções partidárias. Entretanto, neste momento histórico, afirmamos o nosso entusiástico apoio ao decreto do Supra, ao da encampação da refinaria de Capuava e demais refinarias particulares e ao tabelamento de aluguéis (...) Nosso empenho é para que sejam efetivadas as Reformas de Base, reformas que abrirão largos caminhos para a redenção do povo brasileiro.

Cinqüenta e quatro anos separam um momento político do outro. Naquele, lutava-se basicamente contra os resquícios de escravidão. Nesse, o "povo fardado", ainda tendo que lutar por direitos básicos, estava envolvido no intenso debate político que caracterizou o segundo momento. Aproximando-os, talvez, o mesmo anseio por cidadania, por mais participação, enfim, pela busca da construção de um país mais democrático e justo.

Em 1968, quando presta seu depoimento ao MIS, já com 88 anos de idade, João Cândido posiciona-se politicamente a favor do regime militar implantado no país, com o golpe de 1964:

> (...) e este agora, este militar, desculpem as minhas impressões, eu sei que os paisanos vão ficar zangados comigo, foram um movimento de salvação pública (...) minha opinião, não sei se alguém vai discordar de mim. Este agora dos militares foi um movimento de salvação pública, porque eles estão trabalhando, os militares estão trabalhando (...) se não fizerem tudo, farão o que puderem. E nós, os paisanos, já devíamos de ter feito o que eles pretendem fazer agora.[54]

Falando para as gerações futuras, diz:

> é preciso que trabalhemos muito, que haja muita união, parte com parte. Desapareçam as paixões, os espíritos de vinganças que hão de vir ou virão, é preciso que estejamos unidos para o futuro (...) Os moços, os jovens estão com o poder. Os jovens hoje têm mais poder do que o Exército.

---

54 *Idem*, p. 90.

> O que falta é crânio, é orientação, seguir uma orientação limpa, distinta, correta.

E, citando os amigos do Brasil, cita Hitler, Mussolini, sargento Batista, e concluiu:

> A mocidade consciente deste Brasil, que tomem conta deste Brasil, mas com segurança, para trabalhar, que, do contrário, teremos aqui um segundo Vietnã (...)[55]

É interessante ressaltar como João Cândido parece antenado com os acontecimentos. Em 1968, radicalizava-se a luta política que iria desaguar nos movimentos de luta armada. A frase de Guevara, "construir um, dois, três, cem Vietnãs" foi usada sobretudo por organizações que se inspiraram nele. Quanto à sua posição pessoal, não devemos julgá-la incoerente ou inconsistente. João Cândido nos parece o mesmo: um amante da Marinha. Essa foi a sua grande paixão. E essa paixão implicava amor à obediência, à ordem, à hierarquia. Nada mais natural que, considerando seu nível de consciência política, aplaudisse o governo militar.

Se, em terra, João Cândido não repetiu o gesto de comando, sua figura ainda seria capaz de mobilizar o entusiasmo de seus companheiros marinheiros e assombrar a elite militar, que nunca se conformou em contar, entre as suas memórias, com a presença do Almirante Negro, conduzindo a esquadra brasileira.

---

55 *Idem*, p. 99

Perseguido num primeiro momento, esquecido ao longo do resto de sua vida, nem mesmo na morte deixou de assombrar os poderosos. Quando faleceu, em 6/12/1969, em um dia chuvoso, com um fulminante câncer de intestino, que lhe provocou uma grande hemorragia, o médico, não se sabe por que, recusou-se a fornecer o atestado de óbito, obrigando a que o corpo fosse levado para o Instituto Médico Legal, embora a morte não tenha sido por causa violenta ou desconhecida. Liberado no dia seguinte, o pequeno cortejo rumou para o Cemitério do Caju, onde seu corpo foi enterrado na quadra 45. O pastor Lucas Manzon, familiares e quatro conselheiros da ABI, onde trabalhava um de seus filhos, acompanharam o caixão. Perto da cova, quatro policiais acompanharam tudo de perto, com máquinas fotográficas. Na porta do cemitério uma radiopatrulha permaneceu estacionada. De que teriam medo? Do fantasma de João Cândido? Talvez. Eram tempos quando medo e terror se cruzavam em cada esquina.

João Cândido foi um herói da ralé

Aprendeu a ser cidadão brasileiro sob a chibata da ordem e o gládio da liberdade. Duas idéias contraditórias e em constante tensão. Queria um lugar no mundo – a Marinha – que lhe foi negado porque na hierarquia social rígida deste país não havia lugar "para quem não tem lugar"; nem a pátria parecia se interessar pelo destino de seus filhos. Quis ser alguém. Foi? Se se pensar que quem se torna lenda, foi mais do que qualquer outro, talvez ele tenha sido alguém. Mas imagino que ele teria gostado muito mais de ter permanecido na Marinha e, quem sabe, um dia poder comandar um navio. E o título de Almirante Negro, com que ficou conhecido, talvez não tivesse o sentido mítico que lhe acompanhou por toda a vida, mas representasse apenas um galão na farda branca de um negro. Aí então talvez estivéssemos mais próximos da República democrática de nossos sonhos.

Mas, às vezes, a vida de um homem transborda seus pequenos sonhos pessoais. E marca a história de um povo.

A revolta da Chibata: a presença da ralé na história dos vencedores

A história oficial é sempre escrita pelos vencedores. É preciso, portanto, sempre recuperar aquilo que fica esquecido e encoberto pelo seu discurso. É o caso da Revolta da Chibata, um momento da história brasileira que representou a entrada em cena, ainda que por pouco tempo, de um povo sem vez e voz numa República que ainda era de poucos.

Quando, em 1910, João Cândido assumiu o comando do encouraçado "Minas Gerais", a escravidão tinha sido abolida há 22 anos e a República tinha sido proclamada há 21 anos.

Por que, então, embora já tivéssemos abolido a escravidão há 22 anos, ainda usávamos o corpo do outro como objeto?

Por que, embora já tivéssemos proclamado a República há 21 anos, uma parcela da população se revoltava, reivindicando apenas o reconhecimento de sua condição de "ser humano livre"?

Por que ainda havia quem precisasse lutar pela conquista de um direito, talvez o mais fundamental de todos, o de ser considerado como um ser humano e não como uma "coisa" que pudesse ser objeto da violência do outro?

Em 1910, quando eclode a Revolta da Chibata, esse é o quadro. Em que medida podemos considerar a Revolta da Chibata como expressão da luta do povo pela conquista da cidadania? Para buscar essa marca, vamos analisar três dados da Revolta: a pauta de reivindicação, os protagonistas da revolta e seus antagonistas e as relações entre ambos e, finalmente, o desdobramento da rebelião.

Qual era a reivindicação básica da revolta?

A abolição dos maus-tratos. Tal reivindicação certamente espelha a manutenção, em plena República, de uma cultura escravagista, 22 anos após a sua abolição. Ou seja, cidadãos brasileiros ainda estavam sujeitos à violência física, institucionalizada pelo Estado, sem respeito a qualquer direito individual. A persistência de traços de uma cultura escravagista demonstra que a nossa democracia não tinha conseguido implantar a base dos diretos civis, sem os quais fica prejudicado o exercício dos direitos políticos.

Quem eram os protagonistas da Revolta da Chibata?

De um lado, os marinheiros, em grande parte originados do *lumpemproletariado*, ou seja, pessoas sem profissão definida, incluídos desocupados, desempregados, vagabundos, assaltantes, malandros, não ocorrendo nunca à Marinha realizar algum trabalho de integração dessa massa de "marginalizados", que era incorporada ao corpo inferior da Marinha, totalmente distanciada do corpo de oficiais. Tratava-se de brasileiros que aprendiam a ser cidadão "na porrada", longe portanto da idéia clássica de cidadãos portadores, em primeiro lugar, da consciência de seus direitos civis. Há um depoimento muito sintomático de um marinheiro que diz: "chicotadas e lambadas que levei quebraram meu gênio e fizeram com que eu entrasse na compreensão do que é ser cidadão brasileiro".[56]

Quem eram seus opositores?

Pela leitura das proclamações, observa-se que o foco era os maus oficiais da Marinha, excluindo-se, portanto a instituição como um todo e, mais ainda, o presidente da República, a quem lançavam apelos pela sua liberdade e a quem pediam a solução do problema. Em nosso entender, o posicionamento dos revoltosos expressa duas coisas: de um lado, a pessoalização do conflito, sua descaracterização política mais abrangente, o que seria um traço ainda de uma cultura escravagista que se baseia num jogo difuso e complicado de "barganhas" entre senhor e escravo. De outro, a personificação do Estado, através da figura do

---

[56] Essa frase aparece no livro de José Murilo de Carvalho, *Pontos e bordados*, p. 28. Teria sido um depoimento de um contemporâneo de João Cândido, Adolfo Ferreira dos Santos, publicado pelo *Jornal do Brasil* de 8/12/1988.

seu presidente, como "salvador", aquele que iria trazer uma solução para o problema.

Quanto ao desdobramento da revolta, ao momento inicial de ameaça da violência – embora nunca se saberá se seria cumprida ou não – segue-se o momento de subordinação. Os revoltosos são seres humanos protagonizando uma luta por direitos fundamentais, em uma sociedade que se dizia republicana e democrática. Aceitam, de certa forma, sua posição subalterna, reivindicando por um lado e pedindo clemência por outro. O restante da população, espantada e amedrontada, não se solidarizou politicamente.

Por outro lado, há indícios de que houve, por parte da elite militar, um sentimento generalizado de desmoralização por se sentirem ameaçados "por um bando de negros", que viam como incompetentes, uma "ralé", da qual se sentiam distanciados e com a qual a única postura que adotavam era provavelmente a já conhecida: "sabe com quem está falando?". A anistia, se foi uma vitória política imediata para os revoltosos, só aparentemente representou uma derrota da elite. A perseguição contra os envolvidos na revolta, iniciada logo após, indicaria a inexistência de um efetivo espaço público, em que os conflitos de interesses pudessem se expressar politicamente. A revolta da Chibata foi um grito lançado pelos "cidadãos de segunda classe", grito que continua ainda hoje, o que demonstra que, de lá até cá, já avançamos, mas ainda estamos longe de uma república democrática e justa e sobram-nos resquícios de uma sociedade autoritária e culturalmente escravagista.

Mas a história caminha e nós caminhamos com ela. A Revolta da Chibata não é apenas uma data na história oficial. Ela tem o sentido simbólico da presença dos excluídos na história brasileira.

Hoje, os tempos são outros, as lutas são outras. É preciso entender o nosso tempo e definir as lutas, trabalhando na direção daquilo em que queremos nos transformar. Tarefa de cada um de nós.

E sobre este tempo que vivemos, futuramente, outros contarão histórias de pessoas que foram chamadas, em determinado momento, a cumprir um papel. Esperamos que elas, em momento algum, sejam mitificadas. E que possam ser vistas como efetivamente foram: seres humanos, simples e maravilhosamente humanos.

Como João Cândido, o herói da ralé.

Bibliografia

Sobre João Cândido

Carvalho, José Murilo de. "Os bordados de João Cândido" *in: Pontos e bordados: escritos de história e política.* Belo Horizonte, Ed. UFMG, 1998.

Granato, Fernando. *O Negro da Chibata,* Rio de Janeiro, Editora Objetiva, 2000.

João Cândido, o Almirante Negro. Rio de Janeiro, Gryphus/ Museu da Imagem e do Som, 1999.

Maestri, Mário. *Cisnes Negros: uma história da Revolta da Chibata.* São Paulo, Editora Moderna, 2000.

Martins, Hélio Leôncio. *A revolta dos marinheiros 1910.* Brasiliana, volume 384. Serviço de Documentação Geral da Marinha/ Companhia Editora Nacional, 1988.

Morel, Edmar. *A Revolta da Chibata.* Graal, 1979

Sobre a revolta dos marinheiros em 1964

Capitani, Avelino Bioen. *A rebelião dos marinheiros.* São Paulo, Editora Expressão Popular, 2005.

Sobre a autora

Eridan Maria Veloso de Passos nasceu em Recife, Pernambuco, em março de 1946. Formada em Direito e Administração, vive desde os 23 anos na cidade do Rio de Janeiro. Funcionária pública federal, atualmente aposentada, sempre cultivou outros interesses: literatura, filosofia e história. Nessas áreas, considera-se uma amadora, no sentido próprio da palavra: "aquele que se dedica a uma arte ou ofício por prazer". No caso específico deste livro, ele foi fruto do seu interesse por alguns personagens negros da história brasileira, fruto de sua participação como ouvinte em disciplinas do curso de História da UFRJ.